# Pétalas de rosa

# Pétalas de rosa

## A caminho para o altíssimo Deus

Reflexões do
**Pe. Giovanni Cosimati**

*Edições Loyola*

**Preparação:** Mônica Glasser
**Capa:** Ronaldo Hideo Inoue
    Composição sobre fragmento da imagem
    generativa de © Pepe Quilez. Na contracapa,
    montagem da ilustração generativa de
    © fotoyou com a imagem de © M.studio.
    © Adobe Stock.
**Diagramação:** Monika Mayer

**Edições Loyola Jesuítas**
Rua 1822 n° 341 – Ipiranga
04216-000 São Paulo, SP
**T** 55 11 3385 8500/8501, 2063 4275
**editorial**@loyola.com.br
**vendas**@loyola.com.br
**www.loyola.com.br**

*Todos os direitos reservados. Nenhuma parte desta obra pode ser reproduzida ou transmitida por qualquer forma e/ou quaisquer meios (eletrônico ou mecânico, incluindo fotocópia e gravação) ou arquivada em qualquer sistema ou banco de dados sem permissão escrita da Editora.*

ISBN 978-65-5504-358-7

© EDIÇÕES LOYOLA, São Paulo, Brasil, 2024

107169

# Para

Que este livro possa
ajudar você a estabelecer
e aprofundar uma
relação com o Senhor,
para que encontre paz,
alegria e tranquilidade,
que possa renovar-se pela
graça do Senhor e trilhar
o único caminho que
vale a pena: o caminho da
santidade e do amor.

# Agradecimentos

Agradeço a meus pais, que me concederam o dom da vida; a Matilde e Deucélia, duas mulheres que me inspiraram e me ajudaram a entrar na evangelização, e a caminhar a passos largos na intimidade divina.

Agradeço também às jovens Carla Caroline Nascimento Cavalcante e Nicolle Mittelzifen Vasconcelos, trabalhadoras da primeira hora e que com muita paciência fizeram a compilação e a primeira organização de todo o material que deu origem a este livro.

Agradeço a Edições Loyola pela publicação desta obra, na esperança de que possa ajudar a vida de muitas pessoas.

E ao bom Deus, que me concedeu uma longa vida e a possibilidade de semear as flores de sua Palavra nos corações, dou graças e suplico sua misericórdia.

# Sumário

Prefácio ............................................................................. 11

1. O Natal: epifania do amor divino .................................. 13

2. A jornada quaresmal ..................................................... 21

3. Semana Santa: tempo de transformação espiritual ...... 29

4. Ensinamentos do tempo pascal ..................................... 33

5. A devoção mariana na vida espiritual ........................... 39

6. Louvor à Santíssima Trindade ....................................... 53

7. O Paráclito e seus dons: auxílio na jornada espiritual .... 61

8. Relacionamento com Deus ............................................ 73

9. A busca das virtudes como via de salvação .................. 83

10. Passos para intimidade divina: a oração ..................... 107

11. Cultivando a vida espiritual ......................................... 121

12. Espiritualidade sacramental ........................................ 135

13. Quem é Jesus? ............................................................. 147

14. Vivendo como discípulos: testemunho do cristão ....... 163

Epílogo ............................................................................. 175

# Prefácio

Conheço o padre Giovanni desde que ele veio para o Brasil, no longínquo ano de 1977. Para mim, assim como para muitos outros, ainda é o "padre" por excelência de Itaquaquecetuba, visto ter dedicado boa parte de sua vida sacerdotal nesse município da Zona Leste de São Paulo. Muitas pessoas ainda têm bem presente, e com muito carinho, a imagem desse padre italiano, com seu vozeirão e trejeitos típicos da italica gens, isto é, do povo italiano, que com sua presença marcante foi deixando uma marca vívida na cidade. Mesmo hoje, não é difícil encontrar alguém que tenha recebido das mãos do padre Giovanni algum sacramento da Igreja, que não lhe seja grato pela presença ou por alguma boa palavra dada nos momentos difíceis da vida. Eu mesmo posso dizer que fiz minha Primeira Comunhão com ele, e há décadas cultivamos uma boa amizade.

Nascido na Itália, no ano de 1935, Giovanni Cosimati é oriundo da região montanhosa dos Abruzzi, de uma cidadezinha chamada Cese. Foi ordenado presbítero no ano de 1962 e, quinze anos depois, embarcou em um navio que o traria para o porto de Santos, a fim de atuar como padre missionário no Brasil. Em sua trajetória missionária, padre Giovanni primeiro foi para Guarulhos e, em seguida, chegou a Itaquaquecetuba. Nessa cidade foi pároco de algumas paróquias e empreendeu uma grande atividade de construções de igrejas, a ponto de receber de algum clérigo o apelido de "João de Barro". Efetivamente, não fosse essa atividade sua, por certo a Igreja Católica nesse município teria outra configuração, com uma presença muito mais tímida.

# Pétalas de rosa

Atualmente se tornou "pároco emérito" da paróquia Santos Apóstolos, situada em Itaquaquecetuba: uma de suas últimas contribuições no campo das edificações materiais e espirituais. Hoje dedica seu tempo à oração e a receber visitas de todos aqueles que o procuram para uma palavra de conforto ou um conselho.

Após tantos anos de atuação, padre Giovanni nos brinda agora com este livrinho, fruto de sua oração, vivências e meditações pessoais. Não é livro para se ler de um fôlego só, mas, como o título deixa intuir, são textos a ser contemplados, saboreados, "pétala por pétala", com suavidade. Pessoalmente, indicaria a leitura de alguns poucos trechos a cada dia; assim, os leitores poderão fazer uma experiência similar àquela narrada em alguns autores antigos da Igreja – os assim chamados "Padres da Igreja" – no que diz respeito à leitura da Sagrada Escritura: trata-se da ruminatio Verbi, ou da "ruminação" da Palavra de Deus.

"Ruminar" ou "digerir" a Palavra é essencialmente um método que propõe a leitura vagarosa, repetida e meditada, palavra por palavra da Sagrada Escritura, de modo que seja possível surgir no coração de quem assim a lê uma reelaboração, uma "palavra pessoal" encarnada da Palavra de Deus, na própria vida do fiel. Naturalmente quem se dedica a esse tipo de leitura deve fazê-lo em um clima de oração e de tranquilidade. Ora, esse método pode ser também aplicado aos textos aqui apresentados pelo padre Giovanni, que certamente não teve a pretensão de apresentar neste livrinho um tratado sobre a devoção ou algo do gênero, mas quis tão simplesmente compartilhar suas vivências e experiências em torno da Palavra de Deus e dos sacramentos, ajudando os leitores a desenvolverem um gosto pela meditação.

Nesse sentido, como o leitor poderá verificar, os textos não apresentam uma linearidade; são produções escritas em vários momentos e que foram mais ou menos organizadas por temas afins.

Ler estas páginas, ou um pensamento a cada dia, poderá realmente fazer a diferença na vida do leitor.

Boa leitura!

Itaquaquecetuba, 25 de janeiro de 2024
Conversão de Paulo, Apóstolo dos gentios

*Gabriel Frade*

# 1
# O Natal: epifania do amor divino

### *Natal é a festa da esperança*

O Natal é a festa da esperança, porque, a segunda pessoa da Santíssima Trindade, veio no meio de nós, assumindo a nossa natureza humana para nos salvar. Quis nascer pobre e humilde, mostrando que o caminho que leva à vida eterna é o desprendimento das coisas do mundo e uma vida muito humilde, com total confiança na bondade e na misericórdia do Senhor. O Menino Deus, que contemplamos no presépio, nos inspire estes pensamentos e nos dê a força para vencermos todas as atrativas do mundo. Peçamos a Nossa Senhora que nos ajude a fazer do nosso coração o berço para acolhermos, nele, o menino Deus.

### *A paz é dom de Deus*

A paz é um dom de Deus, mas é também uma conquista do homem que, aderindo à vontade de Deus, se esforça para praticar as virtudes e ter uma vida santa. O homem é livre para aceitar Jesus ou para recusá-lo. Eis a tremenda responsabilidade: ele veio para salvar a todos, mas não obriga ninguém. Ele se dá totalmente àqueles que totalmente se dão a ele... O tempo passa e não volta mais. Esforcemo-nos para valorizar cada momento de realizar a nossa santidade no exercício da caridade. Todo homem ficará estabelecido no grau de amor que tiver alcançado no tempo. Não haverá outra chance para recuperar o tempo perdido ou mal-usado. Cada ano que passa é uma exortação para valorizarmos o tempo presente, santificando-o por meio do amor. A caminhada desta vida é breve, mas dela depende a nossa eternidade, feliz ou infeliz. Como Jesus, procuremos "cuidar das coisas do Pai" (cf. Lc 2,49), que nada mais é do que fazer a vontade de Deus, nas coisas grandes e pequenas. Cada ano um salto à frente para a verdadeira pátria: o Paraíso. "Vinde, Senhor Jesus!" (Ap 22,20).

## O nascimento de Jesus

O mistério da encarnação e o nascimento de Jesus no meio de nós se apresentam como a máxima manifestação do amor de Deus para com o ser humano. Jesus veio para redimir a humanidade mergulhada no pecado. Nenhum esforço humano poderia destruir o pecado e dar novamente a felicidade da intimidade de Deus. A Redenção depende, unicamente, da encarnação do Verbo, que é Jesus. São Paulo, na Carta aos Efésios, nos diz: "Deus nos escolheu nele, antes da criação do mundo, para sermos santos e imaculados diante dele no amor" (Ef 1,4). Deus, rico em misericórdia, quis perdoar os nossos pecados para que voltássemos a participar da sua intimidade, e a encarnação do Filho é a única maneira para que isso se realize. Sem a vinda de Jesus, ainda estaríamos em nossos pecados e, portanto, não poderíamos chamar a Deus de Pai, nem haveria a possibilidade de alcançar a vida eterna, o Paraíso. Jesus veio nos ensinar qual é o caminho que nos leva ao encontro com Deus e à vida eterna, e começou a fazer isso com o seu nascimento. Não teve nenhum conforto digno de Filho de Deus. O lugar de nascimento foi uma gruta de pastores, o berço foi uma manjedoura, tudo na completa pobreza. Tudo isso nos ensina que a pobreza e o desapego das coisas do mundo são o caminho mais certo para realizar a nossa santificação.

## Para possuirmos Deus no coração

O presépio nos ensina quão grande foi o aniquilamento de Jesus, o Filho de Deus. Ao encarnar-se e ao nascer de sua bendita mãe entre nós, qual não foi sua humildade! Para possuirmos Deus no coração, nós também, assim como Jesus, temos de renunciar a todo e qualquer bem terreno, até a nós mesmos. Ele se doou totalmente e exige que a nossa doação seja total. Se o nosso amor a Jesus é sincero, nada pode ser obstáculo a esse nosso amor. Temos de afastar de nós todo espírito de egoísmo, de orgulho, de vaidade e de amor-próprio. São Paulo nos admoesta dizendo: "Tende em vós os mesmos sentimentos que foram os de Cristo Jesus. Ele, embora subsistindo como imagem de Deus, se reduziu a nada" (cf. Fl 2,5-8). Com a mesma disposição que pretendemos manifestar o nosso amor a Jesus, temos de amar o nosso próximo, para criar uma perfeita união e uma solidariedade duradoura. São João, na sua primeira carta, nos admoesta dizendo: "Se alguém diz: 'Amo a Deus' e detesta seu irmão, está mentindo. Porque quem não ama seu irmão, a quem vê, não é possível que ame a Deus, a quem não vê" (1Jo 4,20).

## Um coração puro para ver a Deus

A Igreja invoca, no início da semana próxima ao Natal, a sabedoria do Altíssimo para que venha nos ensinar o caminho da prudência. Necessitamos olhar todas as coisas e ver nelas impressa a marca de Deus, pois é ele quem cria e dirige com sabedoria o desenvolvimento de tudo. Todas as coisas criadas, sejam as animadas ou as inanimadas, trazem em si a presença de Deus e são guiadas pela sabedoria incriada. Sobretudo, o ser humano que foi criado à imagem de Deus merece respeito e atenção, para que essa imagem não seja deturpada e desfigurada pelo pecado. Por isso a sabedoria de Deus, que é Jesus, veio a este mundo para nos ensinar o caminho da prudência, que nos ajuda a ver a presença de Deus em cada pessoa humana e em cada coisa ou acontecimento. No Sermão da Montanha, Jesus proclamou solenemente: "Felizes os puros de coração, porque verão a Deus" (Mt 5,8). Para chegar à presença de Deus nas pessoas e nas coisas, é preciso um coração puro, que vive plenamente na graça de Deus e que não se desvia com impurezas e malícias. O olhar malicioso mancha a consciência e torna impuro o coração, como também o olhar ganancioso, invejoso, vaidoso e soberbo. Por isso Jesus, a sabedoria eterna e incriada, veio nos ensinar e exortar a usarmos a prudência e a cautela para não nos deixarmos seduzir pelo pecado. Uma pessoa que tem o coração puro e o olhar límpido enxerga Deus e percebe a sua presença em todas as pessoas e em todas as coisas. Certa vez, Jesus proclamou, solenemente, no templo: "Eu sou a luz do mundo" (Jo 8,12). No Natal vamos comemorar e festejar a manifestação dessa Luz com o nascimento de Jesus. É certo nos prepararmos com grande disposição para acolher essa luz. Que ela torne cada vez mais luminosa a nossa fé, firme a nossa esperança e ardente a nossa caridade. Para que sejamos santos e exemplos de santidade em um mundo que está muito longe de Deus.

## "Que todos conheçam a ti, ó Pai!"

*"A vida eterna consiste em que conheçam a ti, verdadeiro e único Deus, e a Jesus Cristo, teu enviado" (Jo 17,3).*

A festa da Epifania nos obriga a refletir, a meditar seriamente, sobre a missionariedade da Igreja. Jesus veio para salvar a humanidade e, para isso, quer ser conhecido por todos como o único Salvador. Maria apresentou Jesus aos pastores e depois aos Reis Magos, que vieram de longe para adorá-lo, guiados por uma estrela. Jesus, antes de deixar a terra, deu o grande mandado aos Apóstolos, dizendo: "Ide, então, fazei de todos os povos discípulos" (Mt 28,19). Os Apóstolos cumpriram a sua missão; agora é nossa vez. Jesus chama cada um de nós para cumprir a mesma missão que ele deu aos Apóstolos. Não podemos guardar só para nós a riqueza da graça que possuímos pela fé. Em virtude do Batismo, temos de nos sentir como que obrigados a anunciar Jesus Cristo aos outros, com as palavras, mas sobretudo com o exemplo, com o testemunho e com a vida. Dando exemplos, é mais fácil que a mensagem do Evangelho atinja o coração das pessoas e as chame ao seguimento de Jesus e, portanto, à salvação. Lembremos que todos somos missionários, evangelizadores, cada um no seu lugar, e destinados a evangelizar as pessoas que vamos encontrando ao longo de nossas vidas. Por essa missão, temos de ser felizes, generosos e zelosos; certamente a nossa recompensa será grande. Assim como os Magos foram conduzidos por uma estrela a encontrar Jesus, hoje também temos de ser estrelas para iluminar e conduzir multidões até Jesus.

## É Natal...

Uma grande luz resplandeceu no horizonte. As trevas que envolviam o mundo são rompidas, desfeitas. O Salvador esperado por tanto tempo pelo povo, o prometido por Deus, veio em nosso meio. A humanidade suspirou aliviada porque o Libertador veio para trazer nova vida e tirar da prisão, das correntes e da opressão do pecado aqueles que vagavam nas trevas da solidão, longe de Deus e sob o domínio do pecado. A luz brilhou e a esperança restaurou o caminho dos homens e mulheres que já não tinham uma via de saída. Jesus veio como esplendor para iluminar, para dar novo sabor a este mundo que vivia sem ideal, sem perspectiva de liberdade e de uma vida melhor.

A luz brilhou porque Jesus veio no meio de nós. Deus se fez homem e assumiu a natureza humana. Foi pelo "sim" de Maria ao plano de Deus que Jesus pôde nascer e ser uma presença viva no meio de nós. Agradecemos a Nossa Senhora a sua total disponibilidade à vontade de Deus e a sua participação, com tanto amor, para que o Natal de Jesus fosse o começo de um novo tempo, de uma nova história para toda a humanidade.

## Natal é vida nova...

É um estímulo, um convite para que cada um de nós se empenhe em renovar-se interiormente, trilhando o caminho traçado e iluminado por Jesus. São João Batista veio preparar o povo para encontrar e acolher Jesus. Pregou convidando a todos para mudar de vida, realizar uma sincera conversão, deixar o pecado e começar uma nova maneira de viver, na obediência aos mandamentos de Deus. O Natal é um convite para uma séria mudança de comportamento. Que os vícios deem lugar às virtudes e o pecado dê lugar à graça. Tenham todos um santo e feliz Natal!

## Ano-Novo com corações renovados

Iniciamos um novo ano cumprimentando-nos uns aos outros: "Feliz Ano-Novo!"; "Que este ano seja de paz e de progresso!";

"Que seja um ano abençoado por Deus!"; "Ano novo, vida nova..." etc.

Belas palavras pronunciadas com um sorriso esperançoso, quase querendo tocar com a mão e já experimentar a verdade desses desejos. Mas tudo isso exige propósitos firmes, decisão de caráter e vontade inabalável. Sem um caráter inquebrantável, tudo se torna aleatório, como fumaça que o vento leva e se desfaz no espaço. Jesus nos ensina a perseverar no cumprimento dos bons propósitos. Para isso é preciso urgentemente pensar no ideal que queremos alcançar; e, também, refletir sobre o exemplo que queremos deixar aos outros, para construir de verdade um mundo na paz, na serenidade, na prosperidade... Pedimos a Deus que intervenha para que se realizem todos os desejos que manifestamos entre nós. Mas Deus quer a nossa colaboração... Ele exige solicitude e empenho de todos. Precisamos ouvir e dar atenção aos apelos e às exortações do Senhor, que nos convida a alimentar um sincero espírito de conversão para uma mudança de vida. Somos chamados a ser os artífices de todo bem que esperamos no começo de cada ano. É o nosso comportamento exterior que tem de acompanhar os bons desejos e as santas aspirações. Não podemos nos acomodar dizendo que não somos capazes, que temos um comportamento fraco. Sabemos que o bom propósito de conquistar altos ideais exige um querer decisivo, um esforço de vontade e, principalmente, não ficar indiferentes ao convite feito pelo Senhor. Devemos prestar muita atenção no relacionamento com as pessoas... Não podemos nos levar pela impaciência, pelo nervosismo, pela revolta, pela pressa... A calma, a reflexão, a audácia são atitudes necessárias. Não se pode apegar-se a certos costumes, como um pássaro que voa de galho em galho sempre com voos curtos... É preciso ser como uma águia, que se lança para o alto tendo o olhar sempre voltado para o sol.

Encontraremos obstáculos e dificuldades? Certamente. Mas o desejo de ir para o alto ao encontro com Deus nos permitirá sairmos vitoriosos e alcançarmos altos níveis na prática das virtudes. Portanto, é preciso que nos afastemos de toda tibieza, com profunda humildade, e nos dirijamos ao Senhor, fazendo nossos pedidos cheios de confiança. O Senhor dará a força necessária para a vitória final. Desejo a todos um feliz e santo Ano-Novo, com proteção de Nossa Senhora e a bênção de Deus Pai, e Filho, e Espírito Santo. Amém.

# 2
# A jornada quaresmal

### Somos pó

Em todo início do período quaresmal, na Quarta-feira de Cinzas, a Igreja tem o costume de aplicar cinzas nas cabeças dos fiéis. Essas cinzas, depositadas sobre a nossa cabeça, manifestam o nada que somos e nossa iniquidade. Somos convidados, nesse dia, a dobrar a cabeça em sentido de humildade, implorando o perdão dos pecados e recordando que somos pó e vamos retornar ao pó. O pecado e a morte são frutos da rebelião do homem contra o Senhor. Deus não criou a morte; esta entrou no mundo por causa do pecado. Recordamos tudo isso não é para ficarmos deprimidos, mas muito mais para abrirmos o nosso coração ao arrependimento e à esperança. Se a desobediência de Adão foi a causa do pecado e da morte, a obediência de Jesus trouxe-nos o remédio para esses males. A Quaresma é um convite a voltarmos para o Senhor com jejuns e lágrimas; um convite à conversão a Deus com maior intensidade e fervor. E os meios que devem sustentar o esforço da conversão são a esmola, a oração e o jejum.

Pétalas de rosa

### Nós somos as videiras

Nós somos as videiras que compõem a vinha do Senhor. Com quanto cuidado Jesus plantou esta vinha, cercando-a de carinho, de amorosas atenções! No entanto, por vezes, as uvas que ela produz são azedas. Um exame de consciência sério nos ajuda a descobrir o porquê das uvas azedas: a falta de perseverança na oração; a não meditação da Palavra de Deus. Muitas vezes estamos longe dos sacramentos, vivemos uma vida cristã muito superficial e damos espaço a pensamentos levianos, deixando-nos levar por inveja, falta de caridade, vaidade, egoísmo, sensualidade e todos os vícios capitais. A Quaresma é o tempo que nos ajuda a retomar o controle da nossa vida, das nossas ações, de pensamentos e palavras, para produzirmos obras merecedoras da santidade à qual somos chamados.

### A tentação

Jesus, ao vir para este mundo, quis ser igual a nós em tudo, menos no pecado, que ele não experimentou. Não obstante ele foi tentado pelo demônio por três vezes (cf. Mt 4,1-13). Em cada tentação, recusou prontamente o tentador. Nisso nos ensina que também nós, quando somos tentados, não podemos discutir com o tentador, mas com prontidão temos de afastar a tentação, invocando o Senhor e "distraindo-nos", pensando em outras coisas. Enquanto estamos neste mundo, temos tentações: tentações internas, que partem da nossa pessoa, da nossa natureza, e tentações que vêm de fora, do mundo, dos maus exemplos que vemos, de jornais, livros, pornografia, discursos. Importante é não procurar as tentações com a nossa imprudência, curiosidade, leviandade: quem ama o perigo acaba caindo nele. Jesus recomenda muita oração e muita prudência, dizendo: "Vigiai e rezai em todo momento para serdes julgados dignos de escapar a todos esses acontecimentos futuros e de vos manterdes de pé diante do Filho do Homem" (Lc 21,36).

## A obediência de Jesus

A obediência incondicional de Jesus ao Pai deveria ser o tema das nossas meditações, das nossas reflexões durante o tempo da Quaresma. É essa obediência de Jesus que motiva a Redenção. A obediência de Jesus ao Pai é a única maneira de resgatar a humanidade mergulhada no pecado, destinada a um trágico fim. O pecado de Adão foi tão desastroso e destrutivo que só um homem-Deus tinha a possibilidade de repará-lo. Sabemos que a gravidade do pecado não se mede a partir da pessoa que o comete, que ofende, mas da pessoa que foi ofendida. Agora, no nosso caso, a pessoa ofendida é Deus, infinito em todos os seus atributos. Portanto, as consequências do pecado de Adão produzem efeitos mortíferos infinitos, e só um Homem-Deus teria a força e a capacidade de remediar, de restabelecer a ordem destruída. Por isso, Jesus se dispõe a oferecer-se em sacrifício para obter o perdão do Pai para toda a humanidade.

## Jesus ensinava

*"Não só de pão vive o homem" (Lc 4,4).*

Jesus tinha ânsia de ir a todas as cidades e vilarejos para ensinar, e, quando se encontrou diante de uma multidão de gente, se compadeceu, porque pareciam ovelhas perdidas, sem pastor, e começou a ensinar-lhe muitas coisas. E o que ensinava? Ensinava sobre qual deve ser o comportamento do homem em relação a Deus e em relação ao outro. No fundo, ele ensinava o amor e a caridade, pois só amando a Deus e ao próximo o homem é feliz e alcança a salvação. Por essa razão, a Palavra de Deus é o principal na vida, e a preocupação em conhecê-la é a mais importante entre tantas outras preocupações por coisas inconstantes, que hoje existem e amanhã desaparecem.

### Eu não vim para os justos

*"Eu não vim chamar os justos, mas os pecadores
para que eles se convertam" (Lc 5,32).*

Deus chama todos à penitência, porque todos somos pecadores. Levi (Mateus) escutou o chamado de Jesus: "Segue-me" (cf. Lc 5,27). Imediatamente ele deixou tudo e seguiu Jesus com alegria; tanto é verdade que preparou um grande banquete. Essa prontidão de Mateus deve inspirar também a nós, para darmos uma resposta imediata ao convite que Jesus nos dirige para termos a graça de nossa conversão. Quando Jesus chama, também a nossa resposta deve ser pronta; não podemos ficar adiando ou fazer-nos de surdos: temos de responder imediatamente com alegria, embora essa resposta ao seguimento de Jesus exija renúncia, sacrifício e penitência.

## Vida em abundância

*"Eu vim para que todos tenham vidae a tenham em abundância"* (Jo 10,10).

Para ter essa abundância de vida, Jesus exige a nossa total doação a ele. Jesus é "ciumento"... Para sermos dignos dele, o nosso afeto para com ele tem de ser superior a todos os outros afetos (pai, mãe, filhos...), e até mesmo o afeto pela própria vida. Ele quer tudo: o coração, a vontade, os afetos mais caros...

## O fariseu e o publicano

O fariseu orgulhoso, que se vangloria das suas bondades, é rejeitado e condenado. O publicano pecador, que reconhece, arrependido, as suas maldades, é perdoado.

## O pecado de Adão

O pecado de Adão foi de tal gravidade que nenhum ser humano teria tido a capacidade de repará-lo. Isso porque a gravidade de uma ofensa não se mede pela pessoa que ofende, mas pela pessoa ofendida. Agora, nesse caso, a pessoa ofendida é Deus, porque Adão queria tornar-se como Deus, conhecedor do bem e do mal. Portanto, o pecado de Adão foi causa de um abismo de magnitude infinita entre a humanidade e Deus, que nenhuma força humana teria tido a capacidade de preencher. Só um Deus encarnado, Jesus,

Homem e Deus, com o seu sacrifício pôde preencher esse abismo e reconciliar a humanidade com Deus. A um grande pecado de orgulho, tinha de se opor um gesto de profunda humildade. Eis por que Jesus, tornando-se homem, aceitou morrer como o último e o pior dos homens, como o pior dos condenados: foi condenado à crucificação.

### "Vai e não peques mais!"

Com estas palavras, Jesus absolveu a mulher adúltera dos seus pecados (cf. Jo 8,11).

São as palavras com que Jesus manifestou a sua misericórdia e o seu poder de salvar.

São as palavras com que Jesus deu à mulher o começo de uma nova vida, comunicando-lhe a graça.

São as palavras com que Jesus inspira no coração de todos a confiança nele e no seu amor misericordioso.

São as palavras com que Jesus oferece a todos a alegria de olhar para o futuro com a viva esperança de chegar à meta final, que é a vida eterna.

São as palavras com que Jesus nos encoraja a esquecer o passado e olhar para um futuro esperançoso, confiando na presença dele, que nos comunica a sua graça.

São as palavras com que Jesus nos dá a alegria de viver, também, diante das lutas que temos de enfrentar ao longo da vida.

São as palavras com que Jesus nos dá a força necessária para não nos deixarmos seduzir pelas atrações do mundo e pelas seduções do demônio.

São as palavras de vida, de alegria e de confiança com que Jesus quer conquistar para si todo o nosso amor.

Somos todos chamados à santidade, mas o caminho para alcançá-la é o caminho da cruz, e não existe outro, não é possível outra escolha. Devemos, com a ajuda da graça, nos convencermos de que a nossa vida tem de ser marcada pela cruz do Senhor: "Quem não toma sobre si a sua cruz e não me segue, não é digno de mim" (Mt 10,38). Só há ressurreição depois da cruz: "Se alguém quer vir em meu seguimento, renuncie a si mesmo, tome a sua cruz e siga-me" (Mt 16,24); "Se permaneceis na minha palavra, sereis verdadeiramente meus verdadeiros discípulos, conhecereis a verdade e a verdade fará de vós homens livres" (Jo 8,31-32). Da Palavra de Jesus nasce a fé, e a fé nos liberta da escravidão do pecado. A Palavra de Jesus nos ilumina e nos liberta da sedução do pecado e nos torna filhos de Deus. A Palavra é fonte de vida, por isso deve ser meditada atentamente e com assiduidade, para podermos dar uma resposta positiva a Deus, que nos chama a uma vida santa.

### *É preciso perseverar até o fim*

Jesus subiu ao monte e, enquanto rezava, se transfigurou. Jesus nos convida a uma vida perfeita. Subir ao monte é cansativo e perigoso, pois podemos escorregar, enfrentar dificuldades. Seguir o caminho de perfeição também não é fácil: precisamos renunciar a tantas coisas, enfrentar tantos obstáculos, vencer tantas tentações que vêm do mundo, do demônio, das paixões (egoísmo, sensualidade, vaidade, amor-próprio...). Jesus nos diz que, quem perseverar até o fim, será salvo. Contudo, nessa luta de perfeição, ele nos assegura a sua presença e a sua ajuda.

Certos dessa sua presença e perseverando com empenho por uma vida mais perfeita, realizaremos também a nossa transfiguração.

# 3

# Semana Santa: tempo de transformação espiritual

### *Mansidão e humildade*

*"Aprendei de mim que sou manso e humilde de coração"* (*cf.* Mt 11,29).

Mansidão e humildade são duas qualidades interdependentes: Jesus foi manso porque foi humilde. Quero ressaltar estas duas virtudes de Jesus na ocasião da sua paixão: ele deixou que Judas lhe desse o beijo da traição; deixou-se prender sem nenhuma reação; escutou falsas acusações e permitiu que um dos guardas lhe desse uma bofetada. Quanta humilhação e quanta humildade! Diante de Pilatos, respondeu calmamente e, quando este queria soltá-lo (porque não achava nele nenhuma culpa), ouviu a gritaria da multidão que pedia sua crucificação. Ficou silencioso ao ser flagelado, ao ser coroado de espinhos e ao ser zombado pelos soldados. Ficou ainda silencioso diante da covardia de Pilatos, que, tendo-o julgado sem culpa, o entregou nas mãos dos judeus para que fosse crucificado. Por que, Senhor? Por quê?

## Todo pecado é uma traição contra Deus

Todo pecado que podemos cometer é uma traição ao amor de Deus, manifestado em Jesus Cristo, e é também uma renegação dos nossos compromissos batismais de fidelidade a Jesus, que nos santificou, comunicando-nos a sua graça. Como fez São Pedro, nada há de melhor que, quando arrependidos, derramar lágrimas, as quais são purificadoras, apagam os nossos pecados.

Jesus se entregou livremente à morte pela nossa Salvação, para nos libertar do pecado e para nos dar a vida eterna. Judas entregou Jesus pelo dinheiro, por míseras trinta moedas de prata. Nós, quando pecamos, traímos (entregamos) Jesus, até por menos de trinta moedas: por satisfações mesquinhas, por interesses puramente humanos, por vaidade, orgulho, ambição.

## Dia de silêncio e meditação

Hoje é Sexta-feira Santa. Que este dia seja um dia de silêncio e de meditação sobre a paixão de Jesus! Acompanhemos Jesus nos sofrimentos enfrentados por ele para a nossa salvação. Supremo gesto de amor para nos resgatar do pecado e das suas consequências. Meditemos também, seriamente, qual é a nossa resposta, qual é o nosso comportamento diante desse amor que Jesus manifestou por nós. Jesus quer que nós, também, demos provas do nosso amor, no cumprimento da sua divina vontade. "Quem me ama, observa os meus mandamentos" (Jo 14,21)

## *Continua o silêncio*

Continua o silêncio... e é o dia mais indicado para meditar e contemplar o Mistério Pascal da paixão, morte e ressurreição do Senhor. Que o Espírito Santo nos ilumine, para ver a infinidade do amor que Deus tem para conosco, e nos ajude a retribuir esse amor divino com o nosso amor filial de obediência à sua divina vontade!

# 4

# Ensinamentos do tempo pascal

## É esta a nossa Páscoa

*"Se ressuscitastes com Cristo, buscai as coisas que são do alto... não as da terra" (cf. Cl 3,1-2).*

Esta é a nossa Páscoa. Um esforço contínuo para adquirir as virtudes que Jesus nos ensina e nos exorta a praticar. Passar de um acomodamento espiritual a um empenho sério de luta, para crescer no caminho da santidade; passar de uma sonolência deprimente para o zelo vivificante na prática do amor a Deus e ao próximo; passar do pecado à graça. Como Maria Madalena e os Apóstolos, também temos de anunciar Jesus Cristo ressuscitado ao mundo. Realizaremos isso com a nossa vida, trazendo conosco os sinais da morte e ressurreição de Jesus: a nossa luta contra todo tipo de pecado, a nossa não conformidade ao mundo, as renúncias, o domínio das paixões; o desejo de uma vida pura, empenhada na aquisição das virtudes, na prática do amor, em uma ardente religiosidade. Com esses sinais, anunciaremos ao mundo a presença em nós de um Cristo vivo, Luz do mundo, Salvador da humanidade. As mulheres, os discípulos, os Apóstolos ficaram felizes ao ver Jesus, vivo, ressuscitado, de novo no meio deles. Um pouco espantados, mas alegres, porque Jesus se identificou mostrando que era ele mesmo. Também somos felizes porque podemos senti-lo presente em nossa vida, embora não visivelmente. Ele disse que estaria sempre conosco, que não nos deixaria órfãos. Mediante a graça, ele é presença viva dentro de nós. Obrigado, Jesus! São João logo reconhece Jesus pelo ardente amor que nutre pelo Mestre e por ter um coração puro. "Felizes os puros de coração, porque verão a Deus" (Mt 5,8). Sim, os puros de coração têm também um olhar puro, sem malícia, e sabem chegar à presença de Deus em tudo, particularmente nas pessoas, criadas à imagem e semelhança dele. "Tira o cisco do teu olho" (cf. Mt 7,5) e a visão de Deus será cada vez mais límpida em seu coração, e você será cada vez mais íntimo do Senhor. Tenha um coração puro como o de São João, e o Senhor o amará, como amou a ele.

### Jesus caminha conosco

Jesus caminhava com os dois discípulos e eles não o reconheceram. Quantas vezes Jesus caminha conosco e nós não o reconhecemos, porque estamos preocupados com tantas coisas! Basta pensar nele, basta invocá-lo, e ele estará presente, disposto a ouvir-nos e a atender-nos...

"'Fica conosco, porque se faz tarde e o dia vai declinando', e Jesus entrou para ficar com eles" (Lc 24,29). A vida sem Jesus é escuridão, trevas, incerteza, perdição. Jesus é a luz do mundo. Ele é a verdade e a vida, ele torna certo o nosso caminhar rumo à meta, que é a vida eterna, que é o encontro com Deus no Paraíso.

## Como age o Espírito Santo em nós

Na aridez, no vazio espiritual, quando tudo não lhe diz nada, de repente explode no coração um desejo irrefreável de Deus: só Deus o interessa, só por ele sente-se atraído. E o mundo? E suas atrações? São como cinzas que o vento leva. As trevas, a escuridão em que a alma tinha mergulhado, de repente toma novo vigor, e aparece a luz de Deus para clarear, iluminar e dar nova vida, nova esperança. Quando a alma se sente só, perdida no mundo, e deseja sair dessa situação desconfortável, aparece Deus com o seu amor, suscitando na alma o grande desejo de retribuir a esse amor. É essa a ação do Espírito Santo, que vigia e age às escondidas para ajudar a passar da aridez ao conhecimento de Deus e do seu amor. Agora a alma não se sente mais só, pois a presença de Deus é constante na sua vida e no seu caminhar. Você começou o caminho para viver na intimidade com Deus, mediante uma vida de oração e de recolhimento? Não desista! Tem dificuldades? Aridez, angústia, desgosto, trabalho, cansaço? Não desista! Tenha sempre presente, na mente, a meta aonde você quer chegar. Interessa-lhe viver na intimidade com Deus? Interessa-lhe chegar à vida eterna, ao Paraíso? Seja enérgico e decidido em continuar o seu diálogo com Deus; não se deixe influenciar por pretextos vãos, apresentados pelo tentador, que quer desviá-lo por caminhos que não têm saída. Confie sempre no Senhor, peça ao Espírito Santo a luz e a força para ir adiante e invoque Nossa Senhora, a fim de que ela interceda, junto do seu Filho Jesus, para que você persevere e para que ele o ajude a nunca desistir!

Como é penoso, em certos momentos, sentirmo-nos sós, como se estivéssemos perdidos, abandonados. Até a nossa oração parece se tornar estéril. Não sabemos como rezar, não temos as palavras justas para nos dirigir ao Senhor e pedir para que ele nos ouça, nos atenda... Parece mesmo que o Senhor está muito longe de nós. Vagamos perdidos, sem rumo, sentimos a incerteza do nosso caminhar. A fé parece desmoronar, não sentimos a presença amorosa de Deus, que nos abraça, que nos defende... É um profundo silêncio que nos envolve e certo medo toma conta de nós. É o tempo da provação que o Senhor permite para consolidar a nossa fé. É certo que o Senhor não nos abandona, pois ele é o amor que abrange a todos. Jesus não falou que ele veio para que todos tenham vida? Certamente não me excluirá desse plano de salvação universal. Então, entrego-me totalmente nos braços da sua divina Misericórdia.

## O grande presente do Pai e do Filho

Ao celebrar o dia de Pentecostes, podemos reviver a experiência dos Apóstolos, de Nossa Senhora e dos demais discípulos, quando, sobre eles, desceu o Espírito Santo: uma grande chama de fogo que foi dividindo-se em muitas labaredas e pairando sobre a cabeça de todos os que estavam reunidos. "E todos ficaram cheios do Espírito Santo" (At 2,4). Quem não gostaria de estar também em tão grande acontecimento? O mesmo Espírito Santo que desceu naquele dia é quem está presente nos outros mistérios que celebramos. Ele está presente na encarnação do Filho, assim como está presente em todas as outras ações cumpridas pelo Cristo em favor da humanidade. O Espírito Santo é o grande presente que o Pai, juntamente com o Filho, deu para a Igreja, para que a Igreja continue a missão iniciada por Cristo para a salvação do mundo. É o Espírito Santo que transforma o coração do homem em tabernáculo do altíssimo Deus, tirando o pecado e infundindo a graça santificante. Juntamente com o dom do Espírito Santo, Jesus dá à Igreja o dom de perdoar os pecados e de santificar. Não podemos esquecer que o Espírito Santo que nos foi dado no Batismo nos deu uma vida nova e nos tornou filhos adotivos do Pai, irmãos de Jesus. Temos de agradecer ao Espírito Santo por podermos nos dirigir a Deus, chamando-o de Pai. O Espírito Santo prometido por Jesus aos discípulos no Cenáculo, e dado por Jesus no dia de Pentecostes, habilita os discípulos a serem os grandes evangelizadores e o alicerce da Igreja. É muito interessante ver que, depois de dois mil anos, a Igreja, animada pelo Espírito Santo, continua a ser portadora de paz, anunciadora do Evangelho e instrumento para perdoar os pecados. Ela continua, embora em meio às dificuldades e perseguições, a obra iniciada por Jesus.

## "Tu me amas?"

São Pedro chorou amargamente por ter pecado, por negar que conhecia Jesus. Às perguntas de Jesus – que lhe pergunta se ele o ama –, Pedro responde três vezes: "Sim, Senhor, eu te amo!" (Jo 21,15-17). Se Jesus viesse a você e lhe perguntasse: "Tu me amas?", certamente você responderia: "Sim...". Mas, se você não chorou pelos pecados que conscientemente cometeu, o seu amor não é sincero. São Pedro é o exemplo. Choremos pelos nossos pecados e, humildemente, manifestemos a Jesus o nosso amor e a nossa fidelidade.

"Eu sou o caminho, a verdade e a vida. Ninguém vai ao Pai senão por mim" (Jo 14,6).

"Eu sou a porta. Quem por mim entrar será salvo e poderá entrar e sair e achará pastagens" (Jo 10,9).

## *A vida venceu a morte*

Certa vez, Jesus disse: "Eu sou o caminho, a verdade e a vida", mas, em sua natureza humana, "a vida lhe foi tirada". A inveja do Sinédrio "venceu": Jesus morreu crucificado e foi enterrado. Mas no terceiro dia, na madrugada de domingo, a vida voltou a viver. O autor da vida não poderia ficar sem ela. A pedra que fechava o sepulcro foi retirada e Jesus saiu vivo, apesar das estratégias dos seus inimigos, que haviam colocado guardas para vigiar o túmulo, instruindo-os para mentir sobre a ressurreição. Diante do poder de Deus, todas as astúcias humanas são nada, são desprezíveis. A vida venceu a morte, a graça venceu o pecado e a esperança voltou a reinar. A alegria voltou a sorrir no rosto dos seus amigos, e Nossa Senhora pôde novamente abraçar o seu divino Filho. As portas do Paraíso foram reabertas e a humanidade deu um suspiro de alívio, pois a liberdade voltou a nos guiar para o infinito e a nos sustentar nas lutas de todos os dias. A esperança de sair deste mundo para a eternidade voltou a florir. Cristo ressuscitou, resgatou-nos para a vida e nos recolocou, plenamente, na intimidade de Deus. A sociedade se reorganizou e a caridade fraterna voltou a ser motivação de todo relacionamento humano. A ressurreição de Jesus proporcionou festa no céu e na terra também. É a alegria de todo o Corpo Místico, que é a Igreja, porque, definitivamente, o bem venceu o mal e as virtudes se tornaram a aspiração de toda pessoa humana. Jesus venceu! O Pai o ressuscitou. Agora reina soberano em todas as pessoas e é motivo de imensa alegria. A presença de Jesus ressuscitado no nosso coração nos convida a viver cada vez mais no desejo da santidade, na procura do Deus vivo com o espírito pascal renovado e renovador.

## *Vivendo as bem-aventuranças*

*"Porque me viste, acreditaste.*
*Bem-aventurados os que acreditam sem ter visto"* (Jo 20,29).

Somos nós que cremos sem ver. E a nossa fé se baseia no testemunho daqueles que viram e contaram para nós, daqueles que deram a vida para testemunhar que Cristo ressuscitou e está vivo no meio de nós. Que a nossa fé no Ressuscitado seja cada vez mais profunda e nos dê a esperança de que um dia também ressurgiremos e participaremos da sua glória! "E é esta a vitória que vence o mundo: a nossa fé. Quem vence o mundo senão quem acredita que Jesus é o Filho de Deus?" (1Jo 5,4-5).

# 5
# A devoção mariana na vida espiritual

### *Humildade de Maria*

Foi um gesto de profunda humildade de Maria, depois de ter concebido o Filho de Deus, partir apressadamente para ir visitar e ajudar sua prima Isabel no sexto mês de sua gravidez, em que gerou São João. E, além da humildade, foi um maravilhoso exemplo de caridade. Humildade e caridade são as virtudes que mais marcam a vida de Nossa Senhora, sendo um grande exemplo para nós. Nessa visita, Isabel, iluminada pelo Espírito Santo, revela que Maria é a Mãe do "seu Senhor" (cf. Lc 1,43) e a Mãe de Deus, a Mãe do Salvador. E é também nessa visita que Maria eleva um cântico de agradecimento a Deus por ter olhado a humildade de sua serva e tê-la transformado a criatura mais santa e ponto de referência de todas as outras criaturas: "Todas as gerações me chamarão bem-aventurada" (Lc 1,48).

*Súplica: Ó Mãe! Ó Nossa Senhora! Intercedei por nós junto de vosso Filho! Nós vos amamos muito!*

Pétalas de rosa

## Jesus é modelo junto com Maria

Jesus é modelo de vida, é o protótipo da perfeição, possuindo em grau máximo todas as virtudes. Ele mesmo, consciente disso, nos convida a olhar para ele, que é "manso e humilde de coração" (cf. Mt 11,29); "Fazei como eu vos fiz" (cf. Jo 13,15). Seremos mais agradáveis a Deus à medida que nos aproximamos de nossa semelhança com Cristo. Por isso, devemos pôr todo o nosso empenho no cultivo das virtudes, para nos conformamos à imagem dele. E, nessa transformação, é indispensável a ação do Espírito Santo, para podermos dizer como São Paulo: "Sede meus imitadores como eu sou de Cristo" (1Cor 11,1). É verdade que Jesus, com o seu sacrifício, com sua morte na cruz, operou a Redenção da humanidade, satisfez a justiça divina ofendida pelo pecado de Adão, pagou pelo crime cometido, reabriu as portas do Paraíso... Mas, enquanto o ser humano vive na terra, embora já redimido, não alcançou a Redenção completa... "Pela esperança fomos salvos" (cf. Rm 8,24). Estamos em uma caminhada de purificação, enquanto a nossa natureza ficou ferida pelo pecado. E dia a dia, querendo corresponder ao convite de Jesus: "Sede perfeitos como vosso Pai celeste é perfeito" (Mt 5,48), devemos lutar contra as tentações que continuamente atentam contra nossa incolumidade espiritual. Temos de colaborar com o nosso esforço para alcançar a total liberdade de espírito. Jesus é o enviado do Pai para realizar a salvação da humanidade. Mas, nessa obra grandiosa, ele teve ao seu lado sua Santa Mãe, que sempre o apoiou e o acompanhou. É verdade: enquanto Deus, ele não precisava de apoio, porque tinha a força em si mesmo. Nossa Senhora, porém, sentiu todos os anseios de Jesus e todos os sofrimentos, porque, como homem, teve de enfrentar muitas dificuldades, e sua Mãe estava perto para exortá-lo e encorajá-lo a ir em frente para cumprir a vontade do Pai. Por isso ela é uma verdadeira Apóstola, pois acompanha e auxilia seu Divino Filho na realização de sua missão. Mas, além de Apóstola, Maria é também a grande intercessora, medianeira e auxiliadora. Ela está sempre unida a seu

Filho, e, por essa proximidade, podemos recorrer a ela com toda confiança. É muito bonito esse empenho da sua mediação junto ao seu Filho, na medida em que nos doa Jesus e nos leva até ele. Ela apresenta a Jesus os nossos pedidos, as nossas necessidades, e, por meio dela, Jesus nos concede as suas graças e os seus favores. É um contínuo intercâmbio entre os nossos apelos e os favores, as graças dadas por Deus. Do mesmo modo como, por meio de Jesus, vamos ao Pai, Maria é o caminho que nos leva ao Cristo.

## *Maria, Mãe da Igreja*

Maria é a Mãe da Igreja em virtude de ela ter dado a vida àquele que fundou a Igreja. Ela colaborou intimamente com Jesus em toda obra da salvação; e quando, no dia de Pentecostes, desceu o Espírito Santo, ela estava junto com os Apóstolos dando início à caminhada da Igreja. Aparece nesse momento a função de Maria como Mãe da Igreja, mantendo unidos os Apóstolos e ajudando-os nos primeiros passos da evangelização. Enquanto é Mãe da Igreja, é Mãe de todos nós, e a ela podemos recorrer sempre que precisamos de alguma coisa.

## *Maria, Mãe de Deus*

Maria, a Nossa Senhora, concebeu e deu à luz o Filho de Deus; então, justamente a reconhecemos e a invocamos com o título de Mãe de Deus. A Igreja sempre a invocou como Mãe do Criador e Mãe do Redentor. Ela é uma criatura que deu a vida natural ao seu Criador, quando este quis se tornar um homem para nos salvar. Não existe dignidade mais alta do que a de Maria, pois nenhuma criatura alcançou tão íntima união com Deus quanto ela. Portanto, tem todo poder de intervenção junto ao seu Filho, que é Deus, em nosso favor.

Pétalas de rosa

*Súplica: Ave, Maria, rogai por nós pecadores que a ti recorremos, com a total confiança de sermos atendidos! Amém.*

## Maria, nossa Mãe

*"Eu sou a videira; vós, os ramos" (Jo 15,5).*

Se Jesus nos associa tão intimamente a si, como se formássemos com ele um único corpo, podemos dizer que, quando Maria aceitou ser a Mãe do Redentor, assumiu também uma maternidade espiritual a nosso respeito. A maternidade que se concretizou no Calvário, quando Jesus, sofrendo dores atrozes antes de morrer, nos fez esse preciosíssimo dom, que é sua Mãe. "Eis a tua mãe" (Jo 19,27), disse a João, que naquele momento representava a humanidade inteira. Na última Ceia, ele nos fez o dom de si mesmo ao instituir a Eucaristia. No Calvário, deixou-nos o que de mais precioso tinha nestas terras: nos deu sua Mãe. Dons que constituem a nossa razão de sermos cristãos, dons que nos acompanham todos os dias como um binômio inseparável.

## Maria, Rainha

*"Nossa Senhora é coroada como Rainha do céu e da terra"*
*(Contemplação do 5o Mistério Glorioso do rosário).*

Embora tenha sido adornada de privilégios, entre os quais o de sua Imaculada Conceição, e escolhida como Mãe do Redentor, Maria teve também os seus merecimentos, que a tornaram grande e gloriosa diante de Deus e de toda a humanidade. Ela, desde o nascimento de Jesus, sempre o acompanhou em todos os momentos da vida. Estava presente nos momentos felizes, quando o povo aclamava Jesus por ter feito sempre o bem a todos, mas também quando Jesus era obstáculo para os sacerdotes, para os fariseus e os anciãos. Esteve presente particularmente no momento da paixão e também na ressurreição. Por tudo isso, ela merece o título de Rainha, pois esteve sempre junto de Jesus na obra da Redenção da humanidade. Se Jesus é o Rei do Universo, Maria é a Rainha-Mãe, que, junto do seu Filho, tem poderes imensos de intercessão em nosso favor.

*Nota: Amemos Nossa Senhora e sejamos cada vez mais devotos dela, porque, repito, é o caminho mais certo e mais veloz de conseguirmos as graças de que temos tanta necessidade para nossa vida e para nossa salvação.*

## "Eis a serva do Senhor"

Embora adornada de privilégios, concebida sem pecado original, repleta da graça de Deus desde o seu nascimento, destinada a ser a Mãe do Redentor, a grandeza de Maria e sua santidade estão nestas palavras: "Eis a serva do Senhor" (Lc 1,38), com as quais ela manifesta a total disponibilidade à vontade de Deus. Vontade que ela cumpre com amor, zelo e dedicação, também quando exige dela renúncias, sacrifício e sofrimento. A vida de Nossa Senhora não foi fácil, e ela nos deixou um exemplo.

*Súplica: Ó Maria, já repleta da graça de Deus, por divino privilégio, ainda achaste graça e mais graça, porque procuraste, pediste, bateste, buscaste e encontraste aquilo que procuraste. Foste repleta dos dons do Espírito Santo, daquele Espírito que sempre te acompanha, que te tornou Mãe do Redentor, que te deu força para acompanhar Jesus em todo o seu trajeto terreno, do nascimento até à morte.*

*Ó Mãe caríssima, eu te peço: ajuda-me para que, também eu, consiga a plenitude dos dons e a graça da santidade!*

## Os seguidores de Maria

O exemplo da vida de Maria é marcante e não pode ficar inobservado. Ela atrai as pessoas e as estimula a um seguimento sempre mais fiel a Deus. Tantos devotos de Maria tomaram a iniciativa de formar movimentos com o ideal de seguir o exemplo dela, vivendo suas mesmas virtudes. Nasceram também instituições de vida consagrada, modelando a própria vida na vida de Maria. E, no meio do povo, foram se formando vários tipos de devoção, inspirando-se também na vida de Nossa Senhora. É a vida mariana que vai se difundindo no meio do povo, pois ela é o caminho mais fácil para ir ao encontro de Jesus.

## A criatura mais perfeita e mais nobre

Maria é a criatura mais perfeita e mais nobre que saiu das mãos de Deus. É digna de ser imitada porque, embora dotada de privilégios, sempre obedeceu, livre e positivamente, à vontade de Deus. As virtudes das quais ela está revestida a tornam o modelo mais perfeito e mais acessível a todos aqueles que querem seguir o caminho da santidade. Nela, logo reparamos as virtudes da humildade e da fé. Ela é uma criatura extremamente humilde que chamou a atenção de Deus, e ele a escolheu para ser a Mãe do seu Filho, Jesus. Ela acreditou no anúncio do Anjo e, com profunda humildade, dispôs-se a colaborar com o plano de Deus: "Eis a serva do Senhor, seja feito em mim segundo a vossa palavra" (Lc 1,38). Sempre acreditou na missão que o Senhor lhe conferiu: que aquele menino que dela nascera, em uma situação de tanta pobreza, era o próprio Filho de Deus, o Messias que a humanidade estava esperando, o Redentor. A grandeza de Maria está na sua profunda humildade e firmeza de fé. Também podemos ser mais humildes e dar ao Senhor mais oportunidades de realizar em nós, a exemplo de Maria, coisas maravilhosas, pela evangelização e pela salvação da humanidade.

## *Maria é nossa esperança*

Sua humildade, sua fé e a missão que Deus lhe confiou me aproximam cada vez mais dela. Vejo nela a grande Mãe que Jesus me deixou. Uma Mãe incomparavelmente santa e amorosa; exemplo a ser observado e imitado. Uma criatura toda de Deus e toda atenciosa para com os seus filhos. Tudo isso desperta em mim uma grande esperança de um futuro luminoso. Nas dificuldades da vida, nas tentações que não faltam, sinto-me fortemente disposto a me entregar totalmente a ela, pedindo e invocando a sua proteção, a sua ajuda e a sua intercessão junto do seu Filho, com a certeza de ser atendido. Tenho esperança nela, porque ela teve esperança nas promessas de Deus e em seu Filho, de que salvaria a humanidade mediante o seu sacrifício na cruz. Ela esperou também quando parecia ter pedido a esperança, como os dois discípulos de Emaús. Quando Jesus morreu na cruz, vítima dos seus inimigos (e a todos dava a impressão de que havia "evaporado" como fumaça), ela esperou na vitória de Cristo, e veio a Ressurreição, a Ascensão, o Pentecostes, e a Igreja iniciou a sua caminhada para a conquista do mundo, levando a bandeira de Cristo vitorioso e abrindo os corações à esperança de um mundo melhor, à esperança do Reino de Deus, à esperança da vida eterna, junto com Maria, a Mãe da esperança.

## Amar como Maria

Como legítima filha de Israel, Maria recitava todos os dias o "credo" de seu povo. Mais do que recitar apenas, ela amou a Deus com todo o coração, com toda a alma, com todo entendimento e com todas as forças (cf. Dt 6,4-5). Embora dotada de privilégios, também ela teve de corresponder, livre e pessoalmente, à graça, o que fez sempre fielmente e com todo ardor e zelo, para agradar mais e mais ao Senhor. Sua profunda humildade isentou-a de todo pensamento de vaidade e de apego às coisas. Portanto, com todas as suas forças, ela pôde amar ao seu Deus. É difícil empenhar-se com todas as forças, porque há sempre alguns "amorzinhos", alguns apegos que impedem a totalidade do amor a Deus. Por isso, precisamos meditar e contemplar a fundo a magnanimidade de Deus. O seu amor é sem limites, e devemos nos deixar atrair totalmente rumo a ele. Maria contemplava as coisas de Deus intensamente; por isso, ela sentiu-se atraída, absorvida pelo Senhor, mergulhada em Deus. Em tudo ela falava de Deus. Esforcemo-nos para entrar e progredir como Maria: amar ao Senhor com todo o coração, com toda a alma, com toda a mente e com todas as forças.

## Maria nos ensina a amar o próximo por meio do servir

Maria viveu profundamente e com uma delicadeza impressionante esse mandamento. Nada sabemos sobre sua vida antes da anunciação, mas certamente foi uma menina muito amorosa e educada com todos. Seus pais deram-lhe uma educação conforme os mandamentos de Deus e o exemplo de fé dos homens e mulheres da Sagrada Escritura. Depois de ter recebido o anúncio do Anjo, que lhe comunicou o grande plano de Deus a respeito da salvação da humanidade, convidando-a a colaborar com esse plano, Maria inclinou-se e, diante de seu consentimento, o Filho de Deus se encarnou. Ela concebeu Jesus Cristo. Essa grande e única honra jamais a envaideceu, ao contrário, ao saber pelo mesmo Anjo que sua prima Isabel, de idade avançada, estava no sexto mês de gravidez, Maria logo se pôs a caminho para ajudá-la. Humildade e caridade ao mesmo tempo. "Amarás ao teu próximo como a ti mesmo" (Mt 22,37-39). Eis a delicadeza de Maria no amor ao próximo: quando Jesus nasceu, ela, com alegria, o mostrou aos pastores que foram visitá-lo e aos magos que vieram de tão longe para adorá-lo; ela uniu a dor de São José à sua dor quando Jesus, aos doze anos, se perdeu deles no templo, em Jerusalém; quando Jesus foi pregado na cruz, ela estava lá; em um gesto heroico, diante de seu Filho crucificado, ofereceu-o pela salvação da humanidade. O amor de Maria é imenso! Seu coração, numa atitude sobre-humana, abrange toda a humanidade, para que todos sejam salvos.

*Súplica: Mãe, agradeço pelo grande amor que tens por mim!*

## Como foi o relacionamento de Maria com Jesus, durante os nove meses em que o trouxe no seu seio?

Podemos intuir, apenas por imaginação, como poderia ter sido essa relação. Certamente, foi um relacionamento íntimo e belo. Quando Maria, deixando à parte um pouco os deveres domésticos, retirava-se em um canto da sua casinha em Nazaré e, no silêncio, contemplava o Mistério que se escondia em seu ventre, era só adoração e contemplação. Por certo houve diálogos de louvor a Deus pela sua grandeza, glorificação pelo seu poder, hosanas pela sua santidade. Eram sentimentos de agradecimento por ter ouvido o clamor da humanidade, que esperava por um libertador, por um messias que a resgatasse do pecado e das suas consequências. Eram sentimentos de agradecimento pelo Filho de Deus ter encarnado, por poder ensinar o caminho das virtudes e ajudar os homens a trilhar o caminho de Deus. E durante os trinta anos que conviveu com seu Filho? Foram trinta anos em que Jesus foi o centro das atenções de Maria: trinta anos de respeito, de adoração, pois ela sabia que o seu Jesus era o Filho de Deus, o Deus encarnado; trinta anos de contemplação, procurando sempre agradá-lo, servi-lo, amá-lo da melhor maneira. Sempre unida a Jesus, via nele, além de seu Filho, o seu Deus, o seu Mestre, que a leva à união com a Santíssima Trindade. A oração de Maria era uma oração de contemplação. Também nós, procurando alcançar uma mais perfeita intimidade com Maria, possamos ser conduzidos por ela a uma profunda intimidade com Deus.

*Per Mariam ad Jesum* (Por Maria a Jesus), São Bernardo de Claraval.

### Rezemos pelos pecadores

Na aparição mariana em Lourdes, assim como nas outras, Nossa Senhora sempre exorta a rezar pela conversão de todos os pecadores. Escutemos essa exortação que a Nossa querida Mãe do céu nos dirige e intensifiquemos a oração pela nossa conversão e de todos os pecadores.

### "Não te deixes dominar pelas coisas do mundo"

"Se os ventos das tentações se levantam e se eu me firo entre os escolhos das tribulações, olho para a estrela e invoco a ti, ó Maria. Se sou impelido pelas ondas da soberba, da ambição, da calúnia, da inveja, olho para a estrela e invoco a ti, ó Maria. Se a ira, a avareza e a concupiscência da carne sacodem o barquinho do meu espírito, olho para a estrela e invoco a ti, ó Maria. Se, perturbado pelo egoísmo dos meus delitos, confuso pelo mau cheiro de minha consciência, amedrontado pelo terror do juízo de Deus, começo a precipitar-me no precipício da tristeza e no abismo do desespero, penso em ti, ó Maria, e te invoco. Ó Maria, fica sempre nos meus lábios e no meu coração" (São Bernardo de Claraval).

## Natividade da Bem-aventurada Virgem Maria

Devemos celebrar com alegria a Natividade da Bem-Aventurada Virgem Maria. "De vós, ó Maria, surgiu o Sol da justiça, Cristo nosso Deus" (Antífona da Missa da Natividade de Nossa Senhora). O nascimento de Nossa Senhora é o primeiro passo à realização do plano de Deus para a salvação da humanidade. Jesus é o Salvador, mas, para vir ao mundo com a sua encarnação, precisava de uma mãe. Então, Deus prepara a Mãe. Maria é a aurora que anuncia o surgimento do Sol, que é Cristo Jesus. Ele [Jesus] é o Sol que veio dar vida nova para a humanidade, mergulhada na escuridão do pecado. Maria, então, é a criatura escolhida por Deus para anunciar e nos apresentar o Salvador. Missão belíssima para cada pessoa que está à procura de uma vida nova, à procura da santidade. Maria nos dá Jesus e, ao mesmo tempo, nos leva até ele, quase nos tomando pela mão, e nos acompanha ao encontro com seu Filho Jesus, o Salvador. Uma sincera devoção a Nossa Senhora, um profundo amor filial para com ela, é o caminho mais acertado e mais rápido para o nosso encontro com Deus, com Jesus, nosso Salvador. Certamente, Maria é um exemplo de vida, com sua pureza, sua inocência, sua obediência e total submissão à vontade de Deus. É a aurora do grande Sol que iluminará e dará novo vigor, nova vida, nova esperança, nova luz para o caminho que leva à Vida Eterna, à união com Deus. Maria é a primeira Santa, porque foi a primeira redimida em vista dos merecimentos de Jesus na cruz. Exorta-nos, estimulando-nos a acolher o convite de Jesus que nos chama para uma vida santa. Parece que podemos ouvir sua palavra exortadora, como os servos das bodas de Caná ouviram: "Fazei tudo o que ele vos disser" (Jo 2,5), e os milagres aconteceram.

*Súplica: Ó Maria, Mãe de Jesus, ajuda-me a ser obediente à vontade de Deus, como tu foste! Amém.*

## A imensa dor de Nossa Senhora

Aquela espada prenunciada pelo velho Simeão deve ter machucado profundamente o coração de Maria. Mesmo com os privilégios de ter nascido sem o pecado original e de ter sido escolhida como a Mãe do Salvador, aquela espada foi penetrando cada vez mais em seu coração, desde o nascimento de Jesus até sua morte dolorosa na cruz. No Calvário, aquela espada feriu cruelmente, dilacerando o coração de Maria, ao ver o seu Jesus sofrendo e morrendo pregado na cruz. Contemplando essa cena, temos a ideia de quanto deve ter sido imensa a dor de Nossa Senhora. Tudo isso, ela sofreu juntamente com Jesus, pela nossa salvação.

## Olhando para Nossa Senhora...

"Bela, tu és como o sol, branca como a lua e as estrelas mais belas, mas não tão belas como tu": é assim que as multidões dos devotos bradam com profundo ardor, manifestando o grande amor que elas têm por Maria.

Maria, na sua visita a Isabel, já havia preconizado tudo isso, quando, numa explosão de gratidão a Deus, gritou cheia de alegria:

"Todas as gerações me chamarão bem-aventurada" (Lc 1,48). Mas por quê? Qual é a motivação de tamanha explosão de alegria? Ela mesmo disse: "Deus enaltece os humildes... Ele olhou a humildade de sua serva...". Deus premiou a humildade de Maria. Humildade que a colocou em total disponibilidade aos planos de Deus, totalmente submissa à vontade divina: "Eis a serva do Senhor, faça-se em mim segundo a tua palavra". Assim, de serva tornou-se Senhora, de simples criatura alcançou a realeza do céu. E foi o próprio Filho que a coroou Rainha do céu e da terra. Agora, no céu, a Cheia de Graça é revestida pela glória do Senhor e olha para nós com um olhar de bondade e de ternura, pronta para nos ajudar como fez com Isabel. E Maria, sentada em trono, coroada pelo próprio Filho, nos convida a ir até ela, dirigindo-lhe os nossos pedidos de intercessão. Maria é a grande Mãe que não se esquece de nós; sabendo dos nossos acertos e das nossas angústias, põe todo o seu poder de Mãe do Redentor à nossa disposição para aliviar as dores e para facilitar o nosso caminhar rumo à vida eterna e nossa união com Deus. Maria quer a nossa salvação, quer que alcancemos a eterna felicidade. Ela nos exorta para que façamos todo esforço para adquirirmos uma vida interior mais sólida e uma vida de oração mais firme e constante. Maria, fazendo eco às exortações de Jesus, nos repete continuamente para rezar e termos forças para não cair no pecado e ficarmos sempre unidos ao seu Jesus.

| "*Andrò a vederla un di,* | "Um dia irei vê-la, |
|---|---|
| *in cielo, patria mia vita;* | no céu, a pátria da minha vida; |
| *e andrò a veder Maria,* | e irei para ver Maria, |
| *mia gioia e mio amor.* | minha alegria e meu amor. |
| *Al ciel, al ciel, al ciel,* | Ao céu, ao céu, ao céu; |
| *Andrò a vederla un dia.*" | um dia irei vê-la." |

Pétalas de rosa

## *Viva a Senhora Aparecida!*

Todo o Brasil olha com veneração e gratidão para Nossa Senhora da Conceição Aparecida. Uma pequena imagem de barro, tão simples, pescada no rio Paraíba em 1717, atrai multidões de fiéis que, devotamente, na sua solenidade, a cada domingo e em todos os outros dias da semana, a visitam no Santuário Nacional. Alternam-se os cantos em sua homenagem, o sussurrar das ave-marias na reza do santo Rosário e o estender das mãos em direção à pequena estátua de Maria, que resplandece no singelo e precioso trono em que a imagem está colocada. Não é possível ficar indiferente olhando o contínuo fluxo de pessoas que, com lágrimas e agradecendo pelos benefícios obtidos, se dirigem a ela, a Mãe amorosa, e pedem graças, milagres, socorro nos momentos difíceis da vida. E, em quantas pessoas a fé se tornou mais vigorosa, os dons do Espírito Santo se tornaram mais evidentes e atuantes para uma sincera vida cristã. É a intercessão da Mãe que tudo faz para conduzir e reconduzir milhares de pessoas ao encontro com o seu Filho Jesus, Salvador da humanidade. A imagem Aparecida das águas é mais uma maneira de Maria visitar o seu povo e manifestar o seu amor materno, procurando reunir a família cristã perto de Deus.

Ela intercede junto a seu Filho e faz nos sentirmos profundamente agradecidos e esperançosos por uma vida mais feliz.

Ela, do seu Santuário, olha para nós, convidando-nos a cumprir sempre a vontade de Deus.

Ela nos exorta a caminhar pelos caminhos da santidade e da prática de todas as virtudes cristãs.

Ela apresenta ao seu Filho os nossos sofrimentos e nos pede para fazermos tudo o que ele nos disser.

# 6

# Louvor à Santíssima Trindade

### *Um Deus Trino*

Ó maravilha das maravilhas! Um Deus Trindade, Criador e Senhor de tudo que existe, escolhe como morada a alma de uma criatura tão pobre e limitada como a pessoa humana. Também essa é uma iniciativa de Deus e uma manifestação de quanto é infinito o seu amor. É ele quem quer valorizar a obra mais estupenda, que foi fruto da sua sabedoria na criação: a criatura humana. Essa criatura que não soube agradecer pela vida que Deus lhe deu nem por todos os demais bens que a cercam. O ser humano não soube ser feliz pela amizade, pela intimidade que Deus queria manifestar-lhe, e pecou, desobedecendo à vontade de Deus, colocando-se contra ele. Loucura de Deus que não só perdoou a criatura como a escolheu para ser sua morada e para lhe dizer quão grande é o seu amor. Não só perdoa, mas também quer que esse relacionamento amoroso se torne cada vez mais forte, mais sólido, dando-nos a possibilidade de crescer no estado de graça, de crescer no amor e na fidelidade. Esse crescimento é consequência do empenho, do esforço que colocamos no cumprimento da vontade. O importante é não ficarmos parados em nossa caminhada de perfeição.

Pétalas de rosa

## Se amarmos uns aos outros, Deus vive em nós

"Ninguém jamais viu a Deus; o Filho Unigênito,
que está no seio do Pai, esse o deu a conhecer" (Jo 1,18).

"Se amarmos uns aos outros, Deus vive em união
conosco e o seu amor enche completamente o nosso coração"
(1Jo 4,12-13).

O Espírito Santo nos ilumina para balbuciarmos alguma coisa sobre o próprio Ser de Deus... Deus é Ser simplíssimo enquanto Deus; não há nenhuma composição, como diz Santo Tomás de Aquino, na sua obra chamada Suma Teológica. Tudo é muito simples. Tudo se reduz a sua simplicíssima unidade, não a uma sequência de atributos. Em Deus não existe o mais e o menos, tudo está no mesmo grau. Enquanto Deus é simples, o homem, ao contrário, é muito complicado no seu querer e agir, é muito contraditório. A simplicidade de Deus nos inspira e nos exorta a sermos mais lineares, mais sinceros nos nossos relacionamentos. Nada de duplicidade, mas transparência, sem enganação. Jesus certa vez nos disse: "Que o vosso falar seja sim, sim; não, não" (Mt 5,37). E tudo o que vai além disso, vem do diabo. Outra caraterística de Deus é a sua imutabilidade. Já mencionei que, para Deus, não existe nem o menos nem o mais, nem o passado nem o futuro, mas tudo é um eterno presente. Ele é imutável. "Eu sou o que sou". É como ele se revela a Moisés. Por sua vez, Moisés dirá ao povo: "Eu Sou, me enviou a vós" (Ex 3,14). Há outras passagens na Escritura que falam dessa imutabilidade de Deus: "Tu permaneces o mesmo, os teus dias jamais terão fim" (Sl 101[102],27). "Eu, o Senhor, não mudo" (Ml 3,6). Deus ser imutável é de grande satisfação para a pessoa que põe confiança naquele que é imutável, que não está sujeito a variações. A sua confiança se apoia em algo sólido, inabalável. Contudo, enquanto Deus é sem limites, o homem é limitado e sujeito a variações: muda de pareceres, de critérios, de gostos, de vontade...

Colocar a confiança em Deus ajuda a pessoa a se libertar das dúvidas, das incertezas, e a se solidificar no amor e no caminho certo.

Se Deus nos chama, nos convida e nos atrai para si, é para que nós também não fiquemos parados no tempo, sujeitos às incertezas e às incoerências, mas participemos, no fim da vida terrena, da eternidade e da imutabilidade de Deus. Eis por que o apóstolo Paulo nos diz que, se fomos feitos para a vida eterna, temos de buscar as coisas do alto (Cl 3,2) e fixar o nosso olhar para o eterno destino, que é o Paraíso. Para que serve o tempo que vivemos? O tempo não é igual para todos. Quem vive mais? Quem vive menos? O tempo é um dom precioso que o Senhor nos concede para preparar a nossa eterna e imutável felicidade.

### Ele nos amou primeiro

*"Eis que estou à porta e bato. Se alguém ouvir a minha voz e me abrir a porta, virei a ele e cearei com ele, e ele comigo" (Ap 3,20).*

A iniciativa é sempre dele. "Ele nos amou primeiro" (1Jo 4,19). Jesus só espera a nossa resposta, que lhe abramos a porta e o deixemos entrar. Abrir a porta significa abrir o coração, acolhê-lo com alegria e dar-lhe toda a liberdade para agir em nós. "Se alguém me ama, meu Pai o amará e nós viremos a ele e faremos nele a nossa morada" (Jo 14,23). Abrir a porta significa: disposição em cumprir a vontade de Deus, observando os mandamentos. E essa disponibilidade faz com que a nossa alma e a nossa vida se tornem morada de Deus. A este ponto nos perguntamos: o que é o céu? Onde está o céu? O céu é onde está Deus. Então o céu está em nós! Pois, tendo uma vida honesta, uma vida pura na graça, a Santíssima Trindade estará dentro de nós. Sim, o céu começa nesta terra. Então, tendo o céu em mim, não tenho mais nada a desejar. É só ter firmeza na fé e alimentar a esperança de chegar um dia a contemplar a beleza e a majestade de Deus no Paraíso.

Pétalas de rosa

## *Deus é amor*

Deus não possui o amor como algo que lhe vem de fora. A essência dele é o amor. Portanto, tudo o que cria tem o selo do amor, particularmente a criatura humana que ele fez à sua imagem e semelhança. E, com ela, cria alguém capaz de reciprocidade no amor: Deus ama a criatura humana e ela ama a Deus. Se a natureza de Deus é o amor, o homem não pode ser diferente. Se Deus ama todas as criaturas humanas, entre essas também há de existir um relacionamento de amor. Por meio do Espírito Santo, Deus nos deu esse grande dom, que é amor-caridade. Por meio desse dom, amamos a Deus e ao próximo. A caridade abre o coração ao amor de todos os irmãos. Quem ama a Deus não pode senão amar a todos os irmãos em quem Deus está presente. O nosso relacionamento com Deus tem de ser fundamentado no amor, porque ele nos amou primeiro (cf. 1Jo 4,10-21) e infundiu em nós esse amor mediante a ação do Espírito Santo, de modo que nos tornou capazes de também manifestarmos amor para com Deus e os irmãos. E esse amor tem como termo final a vida eterna. "Deus amou tanto o mundo que deu seu Filho unigênito, para que todo que nele crer tenha a vida eterna" (Jo 3,16). Nisso consiste o amor: não que tenhamos amado a Deus, mas que ele nos amou e enviou seu Filho como propiciação pelos nossos pecados (cf. Jo 4,10). Deus demonstrou o seu amor por nós quando "Cristo morreu em nosso favor, quando ainda éramos pecadores" (Rm 5,8). Nisso conhecemos o que é o amor: "Jesus Cristo deu a sua vida por nós, e nós devemos dar a vida pelos nossos irmãos" (1Jo 3,16).

## *A presença da Trindade em nós*

A Santíssima Trindade é um mistério diante do qual é bom ficar em silêncio e contemplar... É uma verdade revelada que está acima do nosso intelecto e, portanto, da nossa compreensão. É um mistério diante do qual é bom colocar-se em adoração profunda e invocar a sua misericórdia e o seu perdão. Na leitura do livro do Êxodo, capítulo 34, é comovente o encontro de Moisés com Deus. Nesse encontro, Deus se revela misericordioso, clemente e compassivo, rico em bondade e fiel. Moisés, cheio de confiança, lhe pede: "Se encontrei graça aos teus olhos, ó meu Senhor, que se digne o meu Senhor de caminhar conosco, embora seja este um povo de cabeça dura. Perdoa, porém, a nossa culpa e o nosso pecado e aceita-nos como tua herança!" (Ex 34,9). Na Segunda Carta aos Coríntios, capítulo 13, somos convidados a nos alegrar em sermos filhos da Santíssima Trindade, a aspirar uma vida cada vez mais perfeita e a viver em paz com todos. O Evangelho de João 3,16-18 nos fala do grande amor que Deus manifestou para conosco, enviando seu Filho para nos salvar.

Deus é amor, é comunhão, é caridade...

Toda a história do mundo e de cada um de nós está repleta da presença da Santíssima Trindade: Deus Pai que nos criou, Deus Filho que nos redimiu, Deus Espírito Santo que nos santifica. É essa a verdade que nos foi revelada por Jesus. Sabemos que a essência de Deus é o amor, e essa é a regra que Jesus infundiu em nosso coração, é a característica que distingue o cristão. Aderimos a Jesus Cristo no Batismo em nome do Pai, do Filho e do Espírito Santo. O amor que nos foi infundido é o dom que nos permite formar um só corpo com Cristo e com os irmãos: o Corpo Místico de Jesus.

## *Vem, Senhor Jesus!*

Desde o Batismo, a Santíssima Trindade se torna presença viva na alma do cristão. Por que, então, continuamos a pedir ao Senhor que venha dentro de nós? Jesus, certa vez, falou aos Apóstolos: "Eu vos chamo de amigos, porque vos dei a conhecer tudo quanto ouvi de meu Pai" (Jo 15,15). É por essa amizade que invocamos continuamente a vinda do Senhor em nós. Queremos que essa amizade se torne cada vez mais íntima, mais forte, mais presença... Deus está presente em nós como Criador, como Pai. Queremos que esteja presente, também, como amigo. É como querer anular as distâncias para senti-lo mais próximo, mais amigo, mais confidente. A amizade possui certa gradualidade, por isso queremos torná-la cada vez mais estreita, mediante o crescimento na graça e na caridade. O amor é um sentimento que não se esgota, que tem capacidade de se tornar mais profundo e duradouro. Portanto, cada gesto com que eu demonstro a minha fidelidade à divina vontade é como se sentisse uma presença nova do Senhor na minha vida. "O que me ama, será amado por meu Pai, e eu também o amarei e me mostrarei a ele" (Jo 14,21). O amor de amizade não é um amor estático, mas está em constante desenvolvimento. Por isso se explica e se esclarece esse desejo ardente da vinda de Jesus, do Espírito Santo e do Pai em nossa vida. As palavras de Jesus: "viremos a ele" são uma promessa que nunca se esgota, é sempre nova, realiza-se todas as vezes que amamos com um amor mais intenso. Não pondo obstáculo ao crescimento da caridade, também Deus não põe limites às suas efusões. Lembremos sempre que Jesus é o caminho que nos leva ao Pai, enquanto o Pai nos atrai e o Espírito Santo nos ilumina.

## Mistério de amor

A nossa fé cristã nos coloca diante de um mistério tão grandioso e imenso que nós, pela nossa pequenez, não conseguimos abraçá-lo e nem mesmo entender. Estamos mergulhados nesse mistério e compenetrados dele. Imagine uma esponja mergulhada no grande oceano, encharcada de água e envolvida pela água. Assim estamos nós, repletos pela presença de Deus e mergulhados no imenso Deus. O mistério da Santíssima Trindade é excelso. Diante dele nos sentimos impotentes e incapazes. Mas, sendo envolvidos por ele, nos sentimos felizes, porque percebemos o grande amor que o Deus Uno e Trino projeta em nossa vida. Não somos capazes de explicá-lo, mas gozamos do imenso amor que Deus emana para nós, e que é a razão da nossa existência. De fato, é por ele e é nele "que vivemos, nos movemos e somos" (At 17,28). É um mistério tão grande e inacessível que, em vez de nos apavorar e de nos assustar, cria em nós um clima de paz e de confiança, e uma imensa felicidade. É o amor que emana para conosco e nos transforma, criando também em nós uma força irresistível para amá-lo e, ao mesmo tempo, para amar tudo o que ele ama. O mistério da Santíssima Trindade é um mistério de amor, enquanto as três Divinas Pessoas amam-se eternamente entre si, e esse amor é como um fogo, uma chama que se expande e se projeta para fora, atingindo toda a criação, particularmente a natureza humana, que foi criada à sua imagem e semelhança. Agora, o amor não é mais um mistério, mas algo que se percebe, que se manifesta, que se pode tocar com as mãos, que toca os sentidos e é experimentável. Foi Jesus quem nos fez conhecer o amor de Deus Trinitário e nos exortou a viver em relação de amor com ele e com toda a criação.

## Tudo é para Deus

Tudo vem de Deus, tudo pertence a Deus, tudo é para Deus. Eu sou de Deus, eu pertenço a Deus, eu não me pertenço. "Sou eu o Senhor teu Deus" (Dt 5,6). Ele é o Criador, eu sou sua criatura. Eu existo porque ele quer. Portanto, tudo devo a ele: o meu amor, o meu reconhecimento, a minha adoração, a minha reverência... Mas tudo é tão pouco diante da divina majestade de Deus... Estou, infinitamente, longe de satisfazer o coração de

Deus. Porém, apesar de tudo isso, o que agrada o Senhor é o meu esforço para lhe manifestar, sinceramente, o meu amor, a minha gratidão... É nosso dever reconhecer que ele é o Criador, que ele é Deus e que lhe devemos total submissão e obediência. O nosso relacionamento com ele, mediante o estado de graça em ações e pensamentos, tem de ser contínuo. Não nos é permitido, nem é lógico, manifestar-lhe apenas ocasionalmente o nosso amor, a nossa atenção. Deus é exigente a nosso respeito, quer tudo de nós: "Não terás outros deuses diante de mim... porque eu, o Senhor teu Deus, sou um Deus exigente" (cf. Dt 5,7-9); "Adorarás o Senhor teu Deus e só a ele prestarás culto" (Lc 4,8).

## Tudo é de Deus

O que o homem possui que não tenha recebido de Deus? Seja as realidades espirituais, seja as materiais, o ser humano existe por Deus e para Deus. Deus é a sua origem e o seu fim, de onde veio e para onde haverá de retornar. Toda pessoa pensa, fala e age mergulhada em Deus. Como criaturas racionais, manifestam o esplendor da riqueza, da sabedoria e da santidade do Criador. O ser humano, criado com a capacidade de pensar, pode se tornar consciente da importância da sua existência. É capaz de seguir o caminho das virtudes e adquirir valores altíssimos que o aproximam, cada vez mais, da perfeição do Criador; do estado de santidade a que é chamado; do estado de amor; da caridade perfeita, na qual o Senhor lhe comunica e o identifica consigo mesmo; da vida eterna, que é a vida em Deus; da realização da sua vocação e das suas aspirações; da vontade de Deus plenamente realizada...

# 7

# O Paráclito e seus dons: auxílio na jornada espiritual

## *O Espírito nos santifica*

*"Não sabeis que sois templo de Deus
e que o Espírito de Deus habita em vós?" (1Cor 3,16).*

Jesus nos enviou o Espírito Santo para nos santificar. Assim como ele, também devemos nos deixar ser conduzidos pelo mesmo Espírito. "Não contristeis o Espírito Santo que está em vós" (Ef 4,30).

## *O Espírito Santo e Cristo*

Em toda a vida de Jesus, está sempre presente o Espírito Santo. Ele foi concebido por obra do Espírito Santo. Quando Maria foi visitar sua prima, Santa Isabel, esta estava iluminada pelo Espírito Santo. Isabel saúda Maria como a "Mãe do meu Senhor" (Lc 1,39). Quando Maria leva Jesus ao templo, o velho Simeão, movido pelo Espírito Santo, vai ao seu encontro (cf. Lc 2,25-35). No Batismo de Jesus, o Espírito Santo desce em forma de pomba (cf. Mt 3,16). Jesus se retira no deserto, impelido pelo Espírito Santo (cf. Lc 4,1). No dia da sua ressurreição, aparecendo aos Apóstolos, no cenáculo, lhes comunica o Espírito Santo (cf. Jo 20,22). Todos os atos de Jesus eram realizados por obra do Espírito Santo, e, antes de deixar os Apóstolos, ele lhes prometeu que mandaria o Paráclito, o que aconteceu no dia de Pentecostes (cf. At 2,1-4). Esse mesmo Espírito acompanha a todos nós mediante os seus sete dons, para nos ajudar a entender a vontade de Deus e a correspondê-la com a nossa vida, no dia a dia. Invoquemos constantemente o Espírito Santo para que nos ilumine e nos fortaleça nesta caminhada rumo à eternidade!

## O dom da sabedoria

A lei de Deus "será vossa sabedoria e vossa inteligência" (Dt 4,6), dizia Moisés ao povo de Israel. O dom da sabedoria é aquele que me ajuda a discernir qual é o caminho correto para alcançar a vida eterna. Jesus diz que da lei não será tirada nem uma vírgula nem um risquinho, até que tudo se cumpra (cf. Mt 5,18). Jesus não aboliu a lei de Moisés, ao contrário, deu-lhe pleno cumprimento, juntando o amor que é o "tempero", tornando-a mais fácil e mais gostosa de ser cumprida. Portanto, demonstra inteligência a pessoa que, depois de ter observado os vários caminhos que o mundo apresenta e oferece, escolhe o caminho dos mandamentos de Deus, enquanto esses completam e satisfazem as aspirações mais profundas do ânimo humano, que quer amar e ser amado.

## Ser prudente é agir com sabedoria

A sabedoria é o dom do Espírito Santo que nos ajuda a discernir a vontade de Deus no decorrer da nossa vida, em vista da salvação. Portanto, é urgente que, conscientes dos nossos limites, nos dirijamos ao Espírito Santo para que ele nos dê esse dom de agirmos sempre com responsabilidade e com plena consciência de que cumprirmos a vontade divina, para o nosso progresso espiritual e para sermos exemplo aos outros. Às vezes, tantas ideias passam pela nossa mente que, se não agirmos com prudência, iremos ao encontro de amargas desilusões. O cristão não pode agir insensatamente, mas deve demonstrar maturidade e equilíbrio. Agir com prudência, muitas vezes, exige sacrifício, porque leva a renunciar às coisas que gostaríamos de fazer para nos mantermos no caminho da vontade de Deus e no seguimento de Jesus Cristo. Certa vez, Jesus falou: "Quem não renunciar a tudo o que possui não pode ser meu discípulo" (Lc 14,33). O seguimento de Jesus exige que Deus seja amado acima de todos os bens terrenos e até da própria vida; porém, para que tudo isso aconteça, precisamos de muita prudência e fortaleza para não nos deixar confundir com as seduções do mundo e também com violência das paixões. A vida eterna nos atrai, mas a luta é dura para não nos deixarmos enganar pelas efêmeras satisfações que o mundo pode oferecer. São Paulo nos alerta que "os sofrimentos deste mundo não podem ser comparados com a glória que deverá revelar-se" (Rm 8,18).

## O Espírito Santo age

*"Eu rogarei ao Pai e ele vos dará um outro Paráclito que fique para sempre convosco..." (Jo 14,16).*

## Pétalas de rosa

Jesus volta ao Pai, e o Espírito Santo enviado por ele dá continuidade à obra da salvação (cf. Jo 14,16-27). O Espírito Santo é justamente chamado de "a alma da Igreja". É ele quem dispõe o espírito dos fiéis para se dirigirem a Deus e invocá-lo com o nome de Pai. É ele quem cria e faz sentir essa unidade de filiação e de intimidade no amor e de total dependência da pessoa com Deus. O homem passa a fazer parte da família de Deus, é inserido e acolhido pelo Pai e pelo Filho como membro vivo não só numa unidade de filiação, mas também num relacionamento de amizade: "Já não vos chamo de servidores, mas de amigos" (cf. Jo 15,15). É no Batismo que o Espírito Santo cria esse vínculo de filiação e faz da pessoa uma criatura nova, regenerada mediante a graça que lhe é infusa. No sacramento da Confirmação, a pessoa amadurece com a abundância dos seus dons e se torna capaz de se empenhar no cumprimento da vontade de Deus e na aquisição das virtudes, aperfeiçoando-as no caminho da santidade. A vida cristã, desde o seu despertar, é impulsionada pelo Espírito Santo para responder, positivamente, ao convite de Deus, que chama a trilhar o caminho da santidade mediante uma vida, cada vez mais perfeita, na prática dos mandamentos. O Espírito Santo age, misteriosa e silenciosamente, no coração do batizado, em todos os momentos da vida, e não só na recepção dos sacramentos, para que tudo o que a pessoa faça, pense ou diga seja santificado. É ele quem conduz, ilumina, estimula e fortalece a pessoa para superar as dificuldades, obstáculos e tentações: "Ele vos conduzirá à verdade completa" (Jo 16,13). É o Espírito Santo quem nos torna capazes de testemunhar ao mundo o Evangelho, mediante o exemplo de uma vida cristã. É ele quem nos torna evangelizadores e missionários da Palavra de Deus. É ele quem transmite a nós aquele fogo que Jesus veio trazer ao mundo e nos torna capazes de envolver as pessoas no caminho do amor e da justiça; aquele fogo capaz de destruir os vícios e o pecado, e implantar o Reino de Deus.

## *O Senhor é a nossa força*

A nossa vida está em contínua provação. O perigo de cair está como uma cilada a todo momento; por isso, o Senhor nos alerta para estarmos de prontidão e sempre bem enraizados na fé. Quem confia no Senhor não tem que temer nada, pois ele é a nossa força e a nossa segurança. "Sem mim nada podeis fazer" (Jo 15,5). É o Espírito Santo quem transforma a fraqueza na fortaleza do Senhor. Mas fortaleza não é aquela força natural que cada um tem, e sim aquela que foi infundida em nós no Batismo, como dom do Espírito Santo, para fazer frente às tentações do demônio, do mundo e das paixões desordenadas. Jesus, que é o mais forte (cf. Mc 1,7), veio para derrubar o poder de Satanás e afastar todo medo. Por outro lado, quem crê em Deus e no seu Filho Jesus Cristo tem todo poder de sair vitorioso. "Vos digo isto, para que tenhais a paz em mim. No mundo tereis aflições... Mas tende coragem! Eu venci o mundo" (Jo 16,33). Quanto mais a pessoa se entrega a Deus, tanto mais será forte e, diante das dificuldades e perseguições, capaz de seguir Cristo Jesus no caminho da cruz. Por isso é sempre louvável pedir, com insistência, os dons do Espírito Santo, frisando particularmente o dom da fortaleza. Há adversidades, renúncias, sacrifícios, mas "tudo suportarmos com paciência e magnanimidade" (Cl 1,9-11); "Coragem! Seja firme vosso coração, ó vós todos que esperais no Senhor" (cf. Sl 30[31],24-25).

## *Os dons do Espírito Santo*

Antes de subir ao céu, Jesus disse aos Apóstolos: "Sereis batizados com o Espírito Santo" (At 1,5). Sereis revestidos com a força do alto, com a efusão dos dons do mesmo Espírito. Com a presença desses dons, o ser humano torna-se capaz de responder, positivamente, ao convite de Jesus, que o chama a uma vida de perfeição: "Sede perfeitos como é perfeito vosso Pai celeste" (Mt 5,48). Esses dons influenciam, corroborando, no cultivo de todas as virtudes que levam a pessoa a alcançar a santidade.

A *sabedoria* aperfeiçoa a caridade, que é a virtude mais importante.

O *entendimento* tem a finalidade de aperfeiçoar a virtude da fé e ajuda a entender a Sagrada Escritura.

A *ciência* ajuda também a fortalecer a fé, a conhecer as coisas criadas e a penetrar em profundidade no coração da pessoa.

O *conselho* aperfeiçoa a virtude da prudência para julgar e agir com cautela, antes de tomar uma decisão.

A *fortaleza* aperfeiçoa a virtude da esperança para sermos constantes no exercício de todas as virtudes.

A *piedade* aperfeiçoa a virtude da religião e nos ajuda a valorizar as nossas orações e a aprofundar a nossa intimidade com Deus.

O *temor* de Deus aperfeiçoa a virtude da humildade e nos estimula a alimentar sentimentos de reverência a Deus e à sua majestade, e a nos tornarmos cada vez mais conscientes da nossa pequenez.

É sempre sumamente útil e necessário pedirmos ao Espírito Santo que infunda em nós os sete dons, para crescermos nessa caminhada rumo à santidade e à vida eterna.

## A quem muito foi dado, muito será exigido

Os dons do Espírito Santo não são uma espécie de amuletos, que agem de maneira mágica e automática na vida da pessoa. Podemos considerá-los como prêmios que são conferidos, gratuitamente, a quem se esforça por praticar as virtudes. Olhando esse empenho sério na prática das virtudes, o Espírito Santo se insere na pessoa infundindo os seus dons, completando sua obra de aperfeiçoamento. A pessoa acomodada, que não se aplica com empenho sério e perseverante no exercício das virtudes, inutilmente espera o socorro dos dons. Temos de lembrar que a vida do ser humano sobre a terra é uma luta árdua (cf. Jó 7,1), e Deus vai ao encontro, com a sua graça e os seus dons, de quem o procura incessantemente com ardente amor. Uma noite o fariseu Nicodemos, líder dos judeus, foi visitar Jesus. Diferente dos outros fariseus, ele reconheceu Jesus como Mestre enviado por Deus pelos sinais que realizava. Sinais que só podia realizar quem tinha os poderes de Deus. Logo, Jesus dirigiu-lhe a palavra dizendo: "Eu lhe garanto: se alguém não nascer do alto não poderá ver o Reino de Deus. Se não nascer da água e do Espírito não poderá entrar no Reino de Deus" (cf. Jo 3,3-6). Então o Espírito Santo, mediante o Batismo, nos deu nova vida, nos fez filhos adotivos de Deus e nos deu a possibilidade e a alegria de podermos nos dirigir a Deus chamando-o de "Pai". Libertos do pecado, renascemos para a vida nova e nos tornamos morada de Deus pela graça santificante que nos infundiu. "Que grande amor nos mostrou o Pai, a ponto de sermos chamados filhos de Deus, e, de fato, o somos" (1Jo 3,1). Deixemo-nos guiar pelo Espírito de Deus, vivendo uma vida conforme os ensinamentos de Jesus, cumprindo a vontade de Deus. Essa consciência de sermos novas criaturas pela presença do Espírito de Deus em nós nos estimula a uma vida sóbria, toda empenhada no cultivo das virtudes, especialmente a da caridade.

## *Precisamos de coragem para sermos fiéis*

*"Recebereis a força do Espírito Santo, que descerá sobre vós, e dareis testemunho de mim" (At 1,8).*

É urgente e precisamos do dom da fortaleza, pois vivemos em um mundo caótico, que parece ter perdido o sentido do equilíbrio e da moralidade. Para esse mundo parece que Deus não existe, não se dá a atenção devida a ele. O materialismo prático domina a sociedade de hoje. As pessoas estão fechadas em seu comodismo.

## Pétalas de rosa

Convencidas de ter tudo, pensam que não precisam de Deus. Onde ainda existe um pouco de prática religiosa, geralmente, não se vai à igreja para encontrar-se e alimentar-se do Cristo eucarístico; nem se busca o Cristo, luz do mundo, para se aprender o caminho que leva à vida eterna. Quando as pessoas vão à igreja, parecem ter um cronômetro na mão, para ver quanto tempo dura a missa e, sobretudo, a homilia. Não existe mais aquele zelo, aquele amor pelas coisas de Deus. Precisamos mesmo do dom da fortaleza para viver e praticar os compromissos batismais e testemunhá-los ao mundo. Precisamos de coragem para sermos fiéis na prática assídua da nossa religião. A mundanidade em que vivemos enfraqueceu muito a nossa fé. Por isso, precisamos urgentemente que o Espírito Santo intervenha com o dom da fortaleza para nos dar coragem, para retomarmos com firmeza as rédeas da nossa vida e para vivermos com equilíbrio a vontade de Deus.

### *Ter o temor de Deus não é ter medo de Deus*

Como poderíamos pensar em ter medo de Deus, sabendo que Deus é Pai amoroso, misericordioso e bom, sempre pronto para nos perdoar e para nos dar o seu abraço de Pai; pronto para nos reintegrar no âmbito da sua família e da sua intimidade? É precisamente nessas qualidades e nesses atributos que entendemos o que é o temor de Deus. Sim, temos de ter medo de ofender e de desagradar o Pai, que é tão bom e generoso conosco. Como ousaremos não amar um Pai que tem tanto amor para conosco? Sim, é esse o temor que temos de cultivar: o de estar muito atentos a não pecar. Porque o pecado é uma desobediência à divina vontade, é uma falta de amor a quem tanto nos ama, com amor infinito. Esse é o dom que o Espírito Santo nos comunica. Temos de pedir com insistência e valorizar isso ao máximo, fazendo sempre a vontade de Deus, também nas pequenas coisas. Temos de ter medo, também, de pecar, para não sermos julgados e condenados por termos infringido a justiça divina. O temor de Deus consiste na obediência e no cumprimento dos divinos mandamentos. Portanto, é um sentimento de respeito e de reverência para com Deus, é uma resposta de amor ao seu infinito amor. Como está escrito na Carta aos Hebreus: "Por isso nós, que vamos herdar um reino inabalável, continuemos a nossa ação de graças e, por ela, rendamos a Deus um culto que o agrade, com temor e reverência" (Hb 12,28). Entreguemos sempre a nossa vida nos braços da Divina Misericórdia.

## *A graça santificante*

Quando uma pessoa ama a Deus, nada pode impedi-la de ter o pensamento continuamente dirigido a ele. A nossa mente é tão livre que, mesmo quando está ocupada com qualquer exercício, trabalho ou estudo, pode elevar o pensamento a Deus para louvar ou agradecer, pedir perdão ou ajuda. É dessa maneira que se relaciona com Deus e que se realiza a exortação de Jesus para "rezar em todo momento e ter forças para não cair no pecado" (Lc 21,36). Sempre lembrando que se deve ter um tempo apropriado para a oração de meditação e de contemplação, retirando-se no silêncio, examinando a própria vida em relação ao Senhor e aos seus deveres de todos os dias. É nesse silêncio de recolhimento que a pessoa mergulha em Deus, sente-se toda compenetrada e envolvida pela presença da Santíssima Trindade; uma presença amorosa que comunica grande paz. Tudo depende de um exercício continuado de amor. Quando a pessoa, consciente do infinito amor de Deus, sente o dever de retribuir a Deus o seu grande amor, tudo deve ser vivido no âmbito desse amor que emana de Deus e se difunde no mundo. Tudo que existe é fruto do amor de Deus, e isso nos leva a manifestarmos um profundo agradecimento à Santíssima Trindade. Deus, que é paz, quer difundir essa paz a todas as criaturas, mediante a sua presença em nós. Essa presença é o que se chama de "graça santificante".

## A fé é um dom de Deus, não é uma conquista pessoal

No dia do Batismo, Deus colocou a semente da fé em nosso coração. Cabe a nós agora desenvolver essa semente mediante uma formação religiosa e com frequentes atos de fé. Cultivando a vida espiritual, essa semente germina, vai crescendo e se firmando. É um dom de Deus com a finalidade de nos levar de volta para ele. É pela fé que sentimos a constante presença de Deus em nossa vida. É pela fé que nos sentimos compenetrados e envolvidos pelo amor de Deus por nós. É pela fé que conhecemos ao Deus que Jesus nos revelou como Pai amoroso, misericordioso e bom. É pela fé que conhecemos Deus Santíssima Trindade. O Criador se interessa por nós, dando-nos tudo de que precisamos nesta vida e para alcançar a vida eterna.

*Súplica:* "*Ó Senhor, fazei forte a minha fé, sem temor das contrariedades, dos problemas que enchem a experiência da minha vida ávida de luz; dos ataques, de quem a discute e a impugna, refuta e nega; mas se torne cada vez mais firme pelo testemunho interior de vossa verdade!*" (São Paulo VI).

## Dóceis ao Espírito Santo

O Espírito Santo enviado pelo Pai e pelo Filho é quem dirige a Igreja e cada um de nós no caminho da santidade. Abramos, portanto, o nosso coração à ação do Espírito e deixemos que os seus frutos tomem posse do nosso ser. "Caridade, alegria, paz, paciência, gentileza, bondade, fidelidade, doçura e autodomínio" (Gl 5,22). Invoquemos, constantemente, o Espírito Santo para que ele nos ajude a desenvolver as virtudes e a repelir os vícios que deturpam a nossa vida. A ação do Espírito Santo em nós é urgente: para que a sua graça nos ajude em nosso crescimento espiritual e para darmos testemunho aos outros. São Paulo nos exorta a caminhar segundo o Espírito e a não satisfazer os desejos da carne, "pois os desejos da carne são contrários ao Espírito e os desejos do Espírito são contrários aos desejos da carne" (Gl 5,17). Precisamos da sabedoria que nos é dada pelo Espírito para entender as coisas do alto e o caminho que leva a possuí-las. Necessitamos da sua luz para nos orientar na direção da meta final, que é a união definitiva com Deus. Reconhecendo com humildade essas necessidades, o Espírito Santo pode intervir com a sua luz e a sua fortaleza para nos sustentar no nosso caminho à santidade.

## *Espírito da Verdade*

O nosso conhecimento de Deus e das verdades reveladas é muito frágil e superficial. Os mistérios de Deus uno e trino, o mistério da encarnação, da redenção de Cristo e da Igreja, seu Corpo místico, são tão profundos que a nossa mente humana apenas pode ter uma ideia muito vaga disso. Não conseguimos aprofundá-los e, para conhecê-los na sua essência, precisamos da intervenção do Espírito Santo, a fim de descobrir a beleza e a profundidade do amor de Deus. Jesus sempre chama o Espírito Santo de "Espírito da Verdade". Portanto, o Espírito da Verdade nos ajuda a penetrar na profundidade de Deus, a mergulhar no amor de Deus e a sentir a doçura e a beleza desse infinito amor. É esse Espírito da Verdade que nos ajuda a discernir e a gozar do amor que Deus tem para conosco. Ajudando-nos a descobrir a beleza desse amor, ao mesmo tempo, suscita em nós o ardente desejo de dar a resposta de amor, que consiste na máxima fidelidade aos divinos mandamentos e a considerar somente a vontade de Deus no decorrer da nossa vida.

"Quando ele, o Espírito da Verdade, vier, vos conduzirá à verdade completa" (Jo 16,13).

O Espírito da Verdade nos mergulha no amor de Deus e nos faz sentir a sua suavidade. Ele cria uma forte atração recíproca do amor de Deus e do nosso amor. Desperta um desejo irresistível pelo qual sentimos uma forte vontade de Deus, cuja essência é o amor.

# 8

# Relacionamento com Deus

## *Deus é exigente*

*"Amarás o Senhor teu Deus com todas as tuas forças"*
*(Dt 6,4-5).*

Moisés se dirigiu aos israelitas com estas palavras. Palavras sérias e solenes que não admitem outras interpretações. "Com todas as tuas forças": vejo nestas palavras as exigências que Deus tem a nosso respeito. Ele quer a totalidade do nosso amor e das nossas atenções. Como já ouvimos do Profeta Naum: "Ele é um Deus exigente" (Na 1,2), que não quer repartir com ninguém o nosso amor. É muito justo, porque ele é o nosso Criador, em tudo dependemos dele e nada agrada mais a Deus que o nosso amor como retribuição ao amor dele. Amar sem restrições, sem condicionamentos, "com todas as forças". Um empenho sério levado adiante com inteligência, com aquela vontade de agradar ao Senhor em todas as mínimas coisas; com aquele desejo de dar uma resposta positiva ao Senhor, que nos chama à santidade, procurando não se deixar levar pelas coisas do mundo, que outra coisa não é senão vaidade. "Amarás ao teu próximo como a ti mesmo"

(Mc 12,31): Jesus uniu este mandamento ao primeiro, fazendo dos dois um só. Ele mesmo explica, quando nos ensina que, aquilo que fazemos ao próximo, ele o considera feito a Deus mesmo. Então, não podemos dividir, colocando um mandamento contra o outro. É sempre Deus o objeto do nosso amor. Como já vimos, o pecado de Adão (que é a falta de amor) desnorteou tudo, e a primeira consequência negativa foi: Caim matou Abel (cf. Gn 4,8). Hoje vemos como consequência as guerras fratricidas, presentes em vários pontos da terra, as várias atitudes de violência gratuita, com abuso de poder, o orgulho, a ganância, a ignorância. Onde está o amor ao próximo? Onde está o respeito pelos pobres, pelos indefesos? Ainda estamos longe, muito longe, de realizar a paz universal. A luta é árdua, mas não podemos desistir. Jesus um dia falou solenemente: "Eu venci o mundo, não tenhais medo" (Jo 16,33). É verdade que no mundo há tanta maldade, mas existem também tantas pessoas boas, empenhadas em viver o mandamento do amor ao próximo, dedicadas no serviço aos mais necessitados, aos doentes, evangelizando, organizando atividades para a promoção cristã e social das comunidades. Tudo isso tem de nos animar, para que cada um de nós se dedique, com zelo, a levar adiante essa mesma causa pela glória de Deus e pelo bem da humanidade; assim, teremos um prêmio no céu.

### *Deus criou o homem a sua imagem e semelhança*

Deus criou o ser humano livre e inteligente, capaz de corresponder a seu amor. Esse amor deve ser alimentado em nossa comunhão com Deus, na oração de louvor, pela sua grandeza e majestade, e de agradecimento, porque tudo é dom, expressão da sua bondade para conosco. Ao mesmo tempo, com humildade, reconhecendo as nossas infidelidades, é preciso pedir o seu perdão e, com confiança, que ele nos ajude em nossa caminhada espiritual, em nossa santificação, e que nos livre de todos os males. É assim que podemos realizar e manter a continuidade de nosso relacionamento com Deus.

## A relação com o nosso Pai

Deus é o nosso criador e o nosso Pai. Portanto, a ele devemos respeito e obediência. Não podemos ser egoisticamente independentes dele; somos criaturas, e a nossa relação com nosso Criador não é só de amor, mas também de obediência. Adão e Eva o desobedeceram (cf. Gn 3), e isso foi a causa da ruína do gênero humano. Todo ato de desobediência é uma manifestação de orgulho. Então, todo pecado que cometemos é uma manifestação de orgulho e de desobediência à vontade soberana de Deus.

## As Sagradas Escrituras nos revelam o desejo de Deus

É muito bonito ler na Bíblia, desde os primeiros tempos, que Deus falava com Moisés face a face, tratando-o como amigo (cf. Ex 33,11). Também no relacionamento com Abraão, Deus o chama de amigo (2Cr 20,7; Is 41,8; Tg 2,23), quase encurtando as distâncias e colocando-o no mesmo nível de paridade. No Evangelho, Jesus dirigiu-se aos Apóstolos dizendo "eu não vos chamo de servidores... Mas eu vos chamo de amigos, porque vos dei a conhecer tudo quanto ouvi de meu Pai" (Jo 15,15). Isso para demonstrar o quanto Jesus amava os seus discípulos e quanto confiava na fidelidade deles. Mas também Jesus lhes diz abertamente: "Sereis meus amigos se praticardes o que vos mando" (Jo 15,14). Essa amizade que Jesus propõe nos anima a procurá-lo com mais confiança e com a certeza de que seremos atendidos em todas as nossas necessidades, pois, "o que pedirdes ao Pai em meu nome, ele vos dará" (cf. Jo 14,13; 16,23). Então, o caminho mais fácil para alcançar as graças é: alimentar um grande amor para com Jesus e tê-lo como intercessor junto do Pai.

## A gratidão nos aproxima de Jesus

"Não ficaram curados os dez? Onde estão os outros nove? Não houve nenhum que voltasse para dar glória a Deus a não ser este estrangeiro?... tua fé te salvou!" (Lc 17,17-18).

A gratidão é uma exigência de Deus e um dever do cristão. Se queremos os favores da parte de Deus, devemos aprender a agradecê-lo todos os dias por tudo o que acontece na nossa vida. Não há nada que não devemos agradecer ao Senhor, e, quando nos colocamos em oração, o centro do nosso diálogo com Deus deve ser o agradecimento. O gesto do samaritano, que voltou para agradecer, colocou-o numa atitude tão íntima com o Senhor que este não o salvou somente da lepra, mas salvou-o também no espírito. Toda a vida de Jesus foi vivida em função da salvação da humanidade. Cada gesto de Jesus, cada palavra que saiu de sua boca foi pronunciada com um valor salvífico. Mas, sobretudo, a salvação da humanidade realizou-se com o derramamento de seu sangue. Meditando sobre esse mistério, o Apóstolo São Paulo entendeu que, não basta compadecer-se dos sofrimentos de Jesus, é preciso unir os próprios sofrimentos aos sofrimentos dele. São Paulo diz: "Completo na minha carne o que falta aos padecimentos de Cristo, em favor do seu Corpo, que é a Igreja" (Cl 1,24). Entendemos, assim, que cada cristão tem a obrigação de compartilhar dos sofrimentos de Jesus com os próprios sofrimentos. Jesus remiu a humanidade dirigindo-se ao Pai com uma fervorosa oração e com a oferta de si mesmo na cruz. Portanto, quem quer imitar Jesus para a salvação da humanidade, pode dedicar-se a uma sincera atividade apostólica, mediante fervorosa oração contemplativa. Assim, dedicando-se a uma vida de penitência pela própria conversão, ao mesmo tempo, a pessoa prolonga, na oração, a imolação de Cristo, sempre com a finalidade da salvação do mundo. São Paulo nos dá o exemplo, mas é Jesus quem pede a nossa colaboração, quando nos exorta a pregar e a testemunhar o Evangelho. Sejamos santos para ajudar outros a serem santos!

## "Sede perfeitos!"

Jesus, no seu ensinamento, nos fala continuamente do Pai. Ele nos revela e nos faz conhecer o Pai; aproxima-nos do Pai e quer que imitemos a sua perfeição. É verdade que ninguém poderá chegar tão longe, mas Jesus põe como termo de comparação a perfeição do Pai para nos ensinar que o caminho de perfeição não tem limites. Ninguém poderá dizer: "Já o alcancei", pois haverá sempre alguma coisa por corrigir e uma nova maneira de manifestar amor ao Senhor. "Sede perfeitos!" será sempre uma exortação para se ter uma vida ativa e atenta, a fim de não se desviar do caminho de Deus, pois, quanto mais a pessoa amar a Deus, mais deverá esforçar-se para amá-lo. A pessoa nunca poderá amar a Deus como ele merece e como o Senhor espera que ame. Tudo isso nos diz o quão somos limitados e quanto precisamos da ajuda dos dons do Espírito Santo para amar a Deus dignamente. A santidade é um dom de Deus, mas é também uma conquista da pessoa. Deus nos convida e nos exorta: "Sede santos porque eu sou santo" (Lv 11,44). Agora somos nós que devemos dar a resposta. O Senhor espera contínua e pacientemente a nossa colaboração. A nossa salvação depende do nosso "sim", e para alcançar essa finalidade devemos utilizar o tempo que o Senhor nos concede com inteligência. Jesus veio para nos ensinar a verdade, mas esse ensinamento não pode ficar "boiando na superfície"; ao contrário, tem de penetrar no nosso íntimo e influenciar o nosso caminhar. Quanto mais atento é o nosso ouvido à voz do Mestre, mais nos sentiremos inclinados a gostar dele, a amá-lo e a vivê-lo. Seu ensinamento toca o mais profundo do nosso coração, e cada vez mais nos sentimos solicitados e instados a conhecê-lo melhor. São mistérios profundos, muito além da nossa capacidade intelectual; por isso, precisamos da luz da fé para aceitá-los e vivê-los, e a fé é um dom de Deus que humildemente pedimos ao Senhor: "Aumentai a nossa fé!" (cf. Lc 17,5-10).

## Não confie na própria força

Ouvimos, dissemos e repetimos, com o santo patriarca Jó, que a vida do homem sobre a terra é uma luta dura. Luta pela subsistência, luta para manter-se na dignidade de filhos de Deus. Por isso, Jesus nos exorta a ficarmos alertas, de olhos abertos, porque, se até os cedros do Líbano caíram, também as almas mais progredidas na virtude podem cair. Nunca confiar nas próprias forças, na própria capacidade de se manter em equilíbrio. Basta uma distração e o maligno pode dar seu golpe fatal. "Sejam prudentes como cobras e simples como pombas" (Mt 10,16). De fato, disse Jesus certa vez: "Ficai atentos e orai a todo momento, para terdes forças e não cair, e ficar de pé diante do Filho do Homem" (cf. Lc 21,36). Uma maneira de entrar na intimidade divina é observar os mandamentos de Deus, abrir as portas do próprio coração para deixar que a Santíssima Trindade entre e faça dele a sua morada. Portanto, é louvável viver nessa intimidade, glorificando e agradecendo a Deus por esse imenso dom que o Senhor nos faz. Ao nos tornarmos íntimos de Deus, alcançamos o ideal, a vitória de nosso empenho; e regozijar-se por ter atingido a motivação do nosso caminho é mais que legítimo. Porém, é bom lembrar que esse estado de graça não é dado de uma vez por todas: estamos sempre expostos a sua perda, voltando à amargura do pecado; por isso, é bom agarrar-se nas mãos de Deus e ir adiante.

## A fonte da graça

O simbolismo da água como manifestação da graça de Deus é bem comum no Evangelho e em toda a Bíblia:

- À samaritana, Jesus promete água viva para a vida eterna (cf. Jo 4);
- Ao cego de nascença, a água é apresentada como fonte de luz (cf. Jo 9);
- Ao paralítico que há trinta e oito anos esperava mergulhar na piscina para ser curado, a água é fonte de vida (cf. Jo 5,5-9);
- Na visão do profeta Ezequiel, a água, apresentada como fonte de riqueza, jorra do lado direito do templo, vai aumentando sempre mais e infunde vida por onde ela corre (Ez 47).

Em todos os simbolismos, a água é apresentada como origem de vida, de progresso, de bem-estar. Mas o que é essa água? É, de certo modo, a imagem do Espírito Santo, que, para onde vai, sempre gera vida, luz, felicidade... A figura do homem paralítico que está perto da água milagrosa, mas não encontra ninguém que o ajude a mergulhar para recuperar a saúde, é significativa. A fonte da graça, da vida sobrenatural, estava tão perto dele, mas era incapaz de alcançá-la sozinho, e não encontrava quem pudesse ajudá-lo. Refletindo essa situação, vemos como é importante a solidariedade, a ajuda recíproca, a caridade... Às vezes, falta uma palavra de ânimo, uma exortação, um exemplo para ajudar alguém a superar um simples obstáculo, a viver uma vida melhor, a deixar uma vida de pecado e ter uma vida de maior intimidade com o céu: a vida da graça, a vida nova que vem de Deus. "Não tenho ninguém que me ajude a alcançar a piscina para mergulhar na água da vida" (cf. Jo 5,7). É a triste reclamação do pobre paralítico. Com a nossa oração, com o nosso espírito de caridade, podemos cumprir essa tarefa de ajudar tantos irmãos e irmãs a mergulharem no Coração Misericordioso de Jesus e a terem vida nova e esperança de alcançar a vida eterna, na visão beatífica de Deus.

## Deus é amor infinito

São muitos os atributos com que exaltamos, louvamos e agradecemos ao nosso Deus. Todos eles revelam a grandeza, a perfeição, a sabedoria e o amor do Senhor. Mas, neste momento, quero considerar e refletir o atributo da misericórdia. Esse é o atributo que mais faz sentir o amor que Deus tem para comigo e que mais me dispõe a entregar-me a ele com total confiança. Ele mesmo o revelou a Moisés, quando este o reconheceu, dizendo: "Deus compassivo e clemente, lento na cólera e rico em misericórdia e verdade... que perdoa a culpa, a rebeldia e o pecado" (Ex 34,6-7). Deus, olhando a fraqueza do ser humano, o sofrimento e a angústia com que é atormentado, comove-se ao vê-lo se debater no meio de inúmeras dificuldades. Torna-se misericordioso, disposto a ajudar, demonstrando o seu grande espírito de misericórdia. Ele quer levantar e dar, novamente, dignidade a quem, por fraqueza, por ignorância ou mesmo por malícia, afastou-se da liberdade de filho de Deus e perdeu a graça santificante. Deus abomina o pecado, mas tem sempre uma atitude de amor por aquela criatura que o cometeu. Tudo faz para levantá-la da sujeira em que caiu e dignificar de novo a obra mais nobre que saiu de suas mãos. Deus é Amor infinito e quer novamente reintegrar na sua amizade quem, por fraqueza, o traiu. Pela sua misericórdia, Deus vai ao encontro da pessoa que, consciente da sua indignidade e da sua lamentável situação de isolamento espiritual, sentindo o peso do pecado, decide voltar para a casa do Pai e para a total intimidade com ele.

"Abandone o ímpio seu caminho... que se converta ao Senhor, que lhe perdoará; ao nosso Deus, que é generoso no perdão" (Is 55,7).

Deus não rejeita ninguém, está sempre de braços abertos para o seu abraço de paz e amor. Jesus nos ensina a termos a mesma atitude com o nosso próximo: "Sede misericordiosos como é misericordioso vosso Pai" (Lc 6,36).

A vossa misericórdia, ó Deus, dá vida, por ela se conhece a vossa clemência em toda criatura. Nos justos e nos pecadores, por misericórdia, nos lavastes com vosso sangue! Por misericórdia quisestes conversar com vossas criaturas.

## *"Vós sois meu Deus"*

Eu vos louvo e agradeço pelos inúmeros dons recebidos e pela paterna assistência com que me acompanhastes no decorrer da vida.

Jesus nos deu a conhecer o Pai e nos permitiu reconhecer sua paternidade, quando nos ensinou a oração do pai-nosso. O Pai enviou Jesus ao mundo para redimir a humanidade mergulhada na morte do pecado: "Como o Pai, que vive, me enviou e eu vivo para ele" (Jo 6,57). Nos seus ensinamentos Jesus nos fala, muitas vezes, do Pai e do seu relacionamento com ele: "Meu alimento é fazer a vontade daquele que me enviou" (Jo 4,34). Jesus fala sempre e com muito afeto da paternidade de Deus e nos transmite esse amor filial, para que nós também possamos nos dirigir a ele chamando-o de Pai amoroso, misericordioso e bom. Jesus nos ensina a nos relacionarmos com o Pai com filial intimidade e a adorá-lo reconhecendo-o como supremo Senhor de todo o universo. Por meio de Jesus, podemos sentir o calor do abraço do Pai que nos acolhe com infinito amor e podemos olhar para ele com temor e tremor, adorando-o e manifestando-lhe nosso total amor. Diante da divina misericórdia do Pai, a decisão mais certa é entregar-se, ou melhor, jogar-se nos braços dele, em seu infinito amor, e deixar que ele faça de nós aquilo que quiser.

# 9

# A busca das virtudes como via de salvação

### *Fé, esperança e caridade*

A virtude teologal da esperança sustenta e motiva a nossa vida cristã. Iluminados pela fé, acreditamos em Jesus, no seu ensinamento e nas suas promessas. No discurso que Jesus proferiu em Cafarnaum, ele afirmou categoricamente: "Quem come minha carne e bebe meu sangue tem a vida eterna, e eu o ressuscitarei no último dia" (Jo 6,54). Esta afirmação desperta em nós a esperança de que tudo isso um dia se realize. Portanto, comungar com fé e assiduamente o Corpo de Cristo alimenta e fortalece em nós a esperança. A Eucaristia nos une estreitamente a Jesus Cristo, assemelha-nos cada vez mais a ele, edificando-nos e transformando-nos pela graça que ele nos transmite.

### *A prática das virtudes*

O plano de Deus a nosso respeito, depois desta vida, é a vida eterna no Paraíso. Vivendo uma vida de profunda fé e ardente caridade, alimentamos também a esperança de chegarmos um dia à felicidade eterna, na contemplação de Deus no Paraíso. A esperança, então, é a virtude que nos sustenta e nos anima a enfrentar as lutas da vida, os problemas de todos os dias, para que se realize o plano de Deus.

## A pobreza, a castidade e a obediência

Deus chama a todos e em qualquer momento à santidade... E para chegarmos à plenitude da graça recebida no Batismo, temos de ser fiéis aos compromissos assumidos nesse mesmo Batismo. Mas, além desse chamado universal à santidade, existe também o chamado à vida religiosa, na prática dos conselhos evangélicos: pobreza, castidade e obediência. A santidade à qual somos chamados é obtida mediante a observância dos preceitos divinos, entre os quais o maior é o da caridade. Os conselhos evangélicos são os meios para observar mais perfeitamente os mandamentos, que não são impostos pelo Evangelho, mas propostos: "Se queres, vende tudo e segue-me" (cf. Mt 19,21). Nem todos conseguem entender o valor dos conselhos evangélicos (pobreza, castidade e obediência), porém, todos somos chamados a viver na graça de Deus, seja qual for o nosso estado de vida. Todos temos de praticar as virtudes cristãs, entre as quais estão a pobreza, a castidade, a obediência, a humildade, a paciência, a justiça, a caridade etc. Quem escolhe viver os conselhos evangélicos, escolhe Deus acima de qualquer outra criatura. Quanto mais a pessoa se aproxima de Deus, sente-se atraída por Deus, íntima de Deus, tanto mais percebe a sua indignidade, vê os seus pecados, a sua falta de correspondência ao amor de Deus, e sente também um forte desejo de se purificar, para se sentir mais íntima do seu Senhor. É o tormento, a ânsia que a pessoa desejosa de santidade experimenta no seu íntimo. É a ação de Deus que está indo ao encontro da alma para purificá-la e desposá-la, na mais perfeita união consigo. É algo decerto penoso descobrir tendências e paixões antes ignoradas; é duro passar pelas provações, mas é necessário para o progresso no caminho de Deus. Depois de ter feito um caminho de fé, de ter entendido a necessidade de purificar-se para possuir Deus, que é o Sumo Bem, a pessoa não faz oposição a renunciar a tudo o que escraviza a vontade, que lhe impede de lançar-se em Deus e de amá-lo com todas as forças. Até o mínimo apego, a mínima satisfação egoísta, torna-se um obstáculo para conquistar o tesouro da perfeita união com Deus. O desapego interior, o desprendimento do coração, é exigido de todos e é indispensável para a união com Deus. Se você descobriu que Deus é um tesouro de imenso valor, faça todo o possível para possuí-lo.

Jesus disse: "Sereis minhas testemunhas até os confins da terra" (cf. At 1,8). Procuremos ser sinceros conosco e com os outros, vivendo com coerência a nossa fé cristã. Temos de ser santos, não apenas "parecer" santos. As preocupações pelas coisas do mundo e os desejos pelas riquezas não podem sufocar as aspirações à santidade, não podem anular a união com Deus.

## Humildade

*"Eu honro meu Pai..." "Não busco minha glória..."*
*"Não aceito glória dos homens"* (cf. Jo 8,49-50; 5,41).

Jesus nunca procurou a sua glória, mas sempre a glória do Pai. Também temos de olhar para a grande humildade de Jesus e nunca procurar a nossa glória, mas sempre a glória de Deus. É difícil porque o nosso orgulho sempre aparece, o nosso espírito de vaidade quer sempre aflorar e se manifestar. Por isso é importante vigiar atentamente para não se envaidecer; devemos procurar pensamentos de humildade, agradecendo sempre ao Senhor pelos nossos feitos, pelas nossas realizações. Sim, só uma profunda humildade, considerando o nada que somos, nos permitirá procurar a glória de Deus, abafando assim os desejos interiores de louvor e de vãs complacências de si. Para podermos nos assemelhar a Jesus, devemos crescer na graça e na caridade. No dia do Batismo, renunciamos ao pecado; esforcemo-nos para manter essa promessa. São Paulo nos diz: "Considerai-vos mortos ao pecado... Não reine, pois, o pecado em vosso corpo" (Rm 6,11-12). Jesus é o modelo de vida, e devemos imitá-lo; a nossa vida deve ser um prolongamento da vida de Jesus. Viver a santidade de Jesus é dar glória a Deus e empenhar-se para ajudar os outros a se salvarem. Esse é o grande testemunho que o mundo espera de nós, a maneira mais eficaz para atrair as pessoas ao seguimento de Jesus, e também a garantia para conseguirmos a vida eterna.

Nossa Senhora apresentou Jesus ao Pai. Que ela nos leve a ele também, mas com um coração puro, íntegro e repleto da graça de Deus!

## *"Sede perfeitos como é perfeito vosso Pai celeste"*

Deus falou a Abraão: "Anda na minha presença e sê perfeito" (Gn 17,1). Jesus falou ao jovem rico: "Se queres ser perfeito, vai, vende os teus bens, dá aos pobres e terás um tesouro no céu. Depois vem e segue-me" (Mt 19,21). O jovem rico já tinha respondido a Jesus que ele observava os mandamentos. Jesus o faz entender que isso não era suficiente. Eis por que o convida a despojar-se de tudo e segui-lo. Entende-se, então, o que significa ser perfeito: andar na presença de Deus; ter o mesmo espírito dele; seguir e imitar Jesus, que "não tem onde apoiar a cabeça" (Lc 9,58); ter desprendimento de coração, de tudo que é apego às coisas, às mínimas coisas. Jesus quer ser o único ideal da nossa vida.

## Jesus foi sumamente humilde

Jesus foi sumamente humilde. Já se humilhou assumindo a natureza humana (sem o pecado), para se submeter aos homens pecadores e para salvá-los (cf. Fl 2,5-11). Ele não foge das humilhações: é chamado de mentiroso, de malfeitor, de louco, de endemoninhado, de comilão e beberrão. As humilhações de Cristo resgatam o homem do orgulho e lhe dão força para segui-lo no caminho da humildade. "Aprendei de mim que sou manso e humilde de coração" (Mt 11,29). Seguindo Cristo humilhado, tornam-se os homens glorificadores de Deus.

## Viver desapegado

O rico do Evangelho não foi condenado pelo fato de ser rico, mas pelo fato de apegar-se demais às riquezas, esquecendo-se de Deus e do próximo. Nem o pobre Lázaro foi salvo pelo fato de ser pobre, mas porque ele aceitou com paciência a sua pobreza, confiando na Providência de Deus. Portanto, não é a riqueza que condena nem a pobreza que salva, mas a maneira de como o homem se posiciona diante delas.

## Um espírito de humildade

Ninguém chega à transfiguração sem enfrentar antes a subida ao monte Tabor da vida. Do mesmo modo, ninguém chega à glória da santidade sem antes passar pelo caminho estreito da cruz. Não se pode compreender, e muito menos viver, o mistério da cruz sem um profundo espírito de humildade. Portanto, é inútil – e perda de tempo – procurar a glória deste mundo. "Buscai primeiro o Reino de Deus e sua justiça, e todas essas coisas vos serão garantidas" (Mt 6,33).

## Somos todos interdependentes

Ouvindo as leituras do Evangelho, observamos como Jesus nos dá uma bela e importante lição de humildade. Essa virtude, a de estar a serviço do próximo, é pouco compreendida e nem sempre praticada como convém. A Palavra de Deus nos diz a respeito da importância do próximo também na relação com Deus e de como ele é essencial para alcançarmos a misericórdia divina. Quanto mais a pessoa é rica em dons, tanto mais tem de se humilhar, se colocar a serviço. Pois São Paulo nos lembra de que nada é nosso, mas tudo nos foi dado por Deus. Porém, ocorre sempre o perigo de nos enaltecermos, pois o nosso ego tenta sempre aparecer e se mostrar. A pessoa humilde é aquela que não se considera superior aos outros nem inferior, mas é consciente tanto das suas qualidades como das suas limitações, tanto do seu valor como das suas deficiências. A pessoa humilde entende que neste mundo somos todos interdependentes: cada um dá aquilo que pode, assim como recebe os que os outros dão.

## Não cair na hipocrisia

*"Dizem e não fazem" (Mt 23,3).*

É bom meditar profundamente estas palavras de Jesus para não cair na hipocrisia. Temos de ser coerentes na vida, não podemos aparentar aquilo que não somos.

## A fé como caminho certo para chegarmos à vida eterna

Acreditar em Deus e na sua Palavra é condição de vida ou de morte. Jesus nos ensina qual deve ser o nosso comportamento a respeito dos bens deste mundo e qual deve ser o nosso interesse principal: "Vendei o que possuís e dai-o em esmola, e fazei um tesouro no céu que não se esvaziará, ao qual o ladrão não chega nem a traça corrói. Porque, onde estiver o vosso tesouro, ali está o vosso coração" (Lc 12,33-34). O tesouro de que fala Jesus é o conjunto de todas as obras boas que podemos realizar, de todas as virtudes que podemos adquirir, de todas as obras de caridade que podemos fazer em benefício do próximo. São Paulo nos recorda que, se somos feitos para possuir a vida eterna, temos de nos preocupar com as coisas do alto, e não com as coisas da terra (cf. Cl 3,2). O Evangelho nos alerta também para estarmos prontos para o chamado de Deus, que pode acontecer a qualquer momento. Prontidão que se realiza tendo a graça de Deus no coração. Esse é o significado da frase evangélica: "Que os vossos rins estejam cingidos e as lâmpadas, acesas" (Lc 12,35). Devemos estar prontos para partir ao chamado de Deus. Em outra ocasião, novamente nos alerta Jesus, dizendo: "Estejais prontos, pois não sabeis nem o dia nem a hora" (Mt 25,13). Temos de manter sempre viva a nossa união com Deus, mediante a prática do amor: amar a Deus com todas as forças e ao próximo como a nós mesmos (cf. Mt 22,37-39).

Pétalas de rosa

## A caridade gera o perdão

Diante da pergunta de Pedro, se era suficiente perdoar sete vezes ao próximo, Jesus responde que não sete vezes precisa perdoar, mas setenta vezes sete, ou seja: sempre (cf. Mt 18,21-22)! A caridade é uma virtude grandiosa, porque desperta no coração o espírito de generosidade, de delicadeza e de respeito para com o próximo. Desperta a generosidade e a educação, evitando qualquer manifestação de agressividade e de rancor, mas, ao contrário, motivando o perdão e o desejo de construir a paz. Ao mesmo tempo, a caridade evita qualquer tipo de julgamento, de crítica negativa, dando espaço à atitude de misericórdia e de perdão. A pessoa caridosa não é invejosa, mas mostra felicidade pelo bem dos outros. Ela é afável e cortês, dando testemunho de bondade por toda parte, e revelando o verdadeiro rosto de Cristo, que é o amor. Constatamos que a pessoa que se deixa impregnar pelo espírito de amor, que é o Espírito de Cristo, torna-se como ele: paciente e humilde; sabe dominar todo e qualquer impulso de ira, de indignação, de gritaria, de revolta, como também os impulsos de vaidade, de orgulho, de ambição. Todavia, a caridade não é pusilanimidade, mas sim firmeza, quando se trata de corrigir ou reprimir a pessoa má.

## O relacionamento com o próximo deve ser pacífico

Como é importante conviver pacificamente com todas as pessoas, particularmente com aquelas com quem habitualmente nos encontramos, na família, no trabalho, na rua ou em qualquer lugar! O Espírito de caridade nos ajuda a tudo suportar com paciência e a manter sempre aquela paz tão necessária para termos uma vida feliz. A serenidade no nosso interior é importante para a nossa saúde física e espiritual. A caridade nos ajuda a tudo suportar: as fraquezas, os defeitos, as hipocrisias, as maldades, as contradições. Adianta alguma coisa reagir, ficar nervoso, xingar, dizer palavrões? Jesus suportou tudo e sempre rezou pelos que o ofendiam.

## A paciência é o tempero da santidade

*"Sede também vós pacientes, fortalecendo vossos corações, porque a vinda do Senhor está próxima" (Tg 5,8).*

Na vida temos tribulações de todo tipo: físicas ou espirituais. Sofrimentos de breve duração ou que nos acompanham a vida inteira. O importante é que, iluminados pela Palavra de Deus, saibamos enxergar o valor em vista da vida eterna e ter paciência, aceitando que se cumpra a vontade de Deus. A paciência, nesses casos, é sempre uma virtude muito importante, porque nos ajuda a ter calma e serenidade. É verdade que a paciência é uma virtude difícil de ser praticada por causa do nosso espírito, muitas vezes revoltado contra as adversidades da vida, as doenças, os insucessos, as contrariedades, as incompreensões, as críticas, as discordâncias... A pessoa impaciente deixa-se levar pela ira, pela revolta, e muitas vezes a ira se torna causa até de delitos. A pessoa paciente sabe esperar a hora certa para agir e ter mais sucesso. É verdade que não é fácil ser paciente, pois é necessário muito exercício, tempo, domínio e controle de si mesmo, e até do próprio orgulho. Sobre isso, São Paulo nos ensina: "Não se ponha o sol sobre a vossa ira" (Ef 4,26).

A paciência é como o tempero que dá sabor às outras virtudes, tornando-as válidas e eficazes.

## A perseverança é a irmã gêmea da paciência

Perseverança (ou constância) é a parte visível do dom da fortaleza, e sem essa qualidade é impossível chegar à santidade, à vida eterna. Jesus mesmo falou: "Quem perseverar até o fim, será salvo" (Mc 13,13). A prática das virtudes não pode ser sazonal, não pode se limitar a momentos de mais fervor, mas deve ser continuada. Sem dúvida, é aí que está a dificuldade, porque pode aparecer o cansaço e vontade de desistir. Sim, Jesus exige firmeza a toda prova e por toda a vida. O amor é eterno ou não é amor. Jesus falou, certa vez: "Quem põe a mão no arado e olha para trás, não é apto para o Reino de Deus" (Lc 9,62). Ele exige, mas, ao mesmo tempo, dá a sua ajuda, comunicando as suas graças a quem lhe pede com humildade e com fé, em contínua oração. Jesus conhece a nossa limitação, a nossa fraqueza, e por isso ele nos exorta a pedir com insistência e com espírito humilde: "Pedi e recebereis, procurai e achareis, batei na porta e ela se abrirá para vós" (Mt 7,7). O Espírito Santo está sempre disposto a nos comunicar os seus sete dons, mas quer uma contínua ligação com ele. Toda prática das virtudes depende de uma forte união com Deus, por meio da graça, que se consegue na oração e nos sacramentos. Podemos ter momentos de desistência e até de pecado, porém, precisamos nos levantar logo, pedindo o perdão a Deus e vivendo em contínuo estado de conversão, olhando para a frente, entregando-nos nas mãos de Deus e confiando na materna proteção de Nossa Senhora.

## A pessoa tranquila chama atenção e atrai para si os outros

Bela é a virtude da mansidão. Jesus, quando quis se apresentar aos discípulos como exemplo de vida, convidou-os a olhar a sua mansidão e a sua humildade. Esse fato nos faz refletir sobre a mobilidade e a delicadeza dessa virtude e sobre sua importância para a convivência humana, pelo fato de que nos torna dóceis e atenciosos uns com os outros. É mesmo a virtude dos fortes e dos corajosos, enquanto é capaz de brecar todos os impulsos de revolta, de raiva, de reações desordenadas da nossa natureza humana, ferida pelo pecado. Decerto não é fácil dominar-se todas as vezes, mas, querendo seguir o exemplo de Jesus, com firmeza de vontade e iluminada e ajudada pelo Espírito Santo, também a pessoa mais revoltada e com os nervos à flor da pele pode mudar de opinião e tornar-se exemplo de mansidão e humildade. A pessoa tranquila chama a atenção e atrai os outros, tornando-se verdadeira testemunha de Jesus Cristo entre eles e fazendo com que seja válida e eficaz a sua atividade de evangelização.

## *Praticar a justiça*

Quando uma pessoa sente uma sensação de fome, manifesta sempre certo desconforto, pois percebe que não está em forma, não está na situação ideal, seja moral, seja econômica. Jesus, no Evangelho, manifesta sempre muita atenção e se compadece das multidões que o seguem, há dias, esquecendo-se de comer. E, para não desmaiar pelo caminho, opera o milagre da multiplicação dos pães. Mas há outro tipo de fome que Jesus louva, chegando a chamar de "Bem-aventurados" os que a possuem: "Bem-aventurados os que têm fome de justiça" (Mt 5,6). Justiça, no significado bíblico, equivale à santidade. Então, Jesus chama de bem-aventurados aqueles que têm fome de santidade. A santidade abarca a prática de todas as virtudes teologais (fé, esperança e caridade), e também as cardeais: prudência, justiça, fortaleza e temperança. Agora entendemos que a justiça evangélica abraça o amor. Não há amor sem justiça e não há justiça sem amor. Então, a pessoa justa é santa e vive plenamente os dois mandamentos do amor: sabe amar a Deus com amor incondicional e sabe amar também os irmãos, sendo misericordiosa, perdoando, ajudando, sendo paciente, socorrendo, indo ao encontro das necessidades alheias. Alimentemos essa fome de santidade com o olhar fixo em Jesus, em Nossa Senhora, e a vida eterna e o Paraíso serão nossos!

## A misericórdia é uma manifestação do amor

Com a palavra "misericórdia" expressa-se sentimentos de dor e de solidariedade em relação a alguém que porventura esteja passando por um tempo difícil, por ter sido atingido por uma doença ou desgraça. Manifesta-se clemência, indulgência, perdão... A misericórdia é uma manifestação do amor. Deus tem misericórdia de nós e nos ama com amor gratuito. Agora, faço-me uma pergunta: é fácil ou é difícil ter misericórdia? Compadecer-se diante de uma desgraça, diante do sofrimento de alguém, diante de uma doença é relativamente fácil, embora, também nesses casos, seja necessário certo heroísmo. Entretanto, é difícil e requer uma grande força de vontade e um gesto heroico redobrado ter misericórdia para com alguém que o fez algum mal físico ou moral, ou que o prejudicou. Quando Jesus nos exortou, dizendo: "Sede misericordiosos, como é misericordioso vosso Pai" (Lc 6,36), ele propôs algo abrangente, no sentido de que ninguém está excluído. Ele, Jesus, deu exemplo quando perdoou os seus algozes: "Ó Pai, perdoa-lhes, pois não sabem o que fazem" (Lc 23,34). Usando de misericórdia nos casos mais difíceis, a pessoa sente um grande alívio, experimenta uma paz indizível, pois o Senhor entra em cheio no seu coração. Deus fez sentir sua presença amorosa, portadora de serenidade e de paz. Qual é a nossa situação em relação a Deus? Fomos sempre filhos obedientes? Quem sabe quantas vezes deixamos de observar os seus mandamentos, esquecemos dele, não lhe demos a devida atenção? Reconhecendo as nossas infidelidades, peçamos com humildade que venha ao nosso encontro com sua misericórdia, perdoe as nossas infidelidades, acolha-nos novamente em sua intimidade e, no julgamento final, nos admita participar do seu Reino, na feliz eternidade. "Felizes os misericordiosos, porque encontrarão misericórdia" (Mt 5,7).

## Um homem justo

São José era um homem justo e santo; por isso, é para nós modelo de obediência, paciência, humildade, castidade e laboriosidade. Tudo fez em silêncio, sempre cumprindo a divina vontade.

## A misericórdia

Um jovem se aproximou de Jesus e perguntou: "Bom Mestre, que devo fazer para ganhar a vida eterna?", e Jesus, tomando a palavra, lhe disse: "Por que me chamas bom? Ninguém é bom, senão Deus" (Mc 10,17-18). O jovem acertou em cheio, pois Jesus é Deus. Deus é bom pela sua essência, pela sua natureza. Sendo bom, tudo aquilo que faz é bom. Basta ler o relato da criação, que sempre termina com "e tudo era bom". Mas, entre todas as coisas que Deus criou, a que mais se sobressai é a criação do homem e da mulher, a quem, sendo livres e inteligentes, ele pôde retribuir seu amor e a sua benevolência. Deus é sumamente bom, pois, até diante do pecado de Adão, lhe ofereceu um bem muito maior: a redenção do mundo por meio da encarnação e morte de Jesus Cristo. Sendo Deus bom, sua bondade se difunde. É por isso que Deus cria todas as coisas: para difundir a sua bondade e para se alegrar com as obras de suas mãos, que são boas e também emanam sua bondade. Então, a bondade de Deus é a motivação da nossa existência. Bondade que também temos de nos sentir obrigados a emanar no relacionamento com os outros e para sermos parte viva desse Deus, que é Amor-Bondade. Deus foi indulgente com Adão e continua a ser misericordioso, amoroso e bom com as criaturas, ainda que elas não o mereçam, em virtude das contínuas infidelidades à sua divina vontade. "Não quero a morte do pecador, mas que deixe seu mau caminho e viva" (cf. Ez 33,11). Para aqueles que o temem, a sua misericórdia é imensa. A nossa bondade não pode ser calculista e mesquinha, mas sim generosa e espontânea. "Amai os vossos inimigos, fazei bem aos que vos odeiam, orai pelos que vos perseguem. Desse modo sereis filhos de vosso Pai do céu" (Mt 5,44-45).

## A esperança é um motor que dá vida à fé

A esperança é a virtude pela qual temos uma grande consolação no proceder de nossa caminhada de santidade, rumo à união com Deus. O cristão sincero sempre enxerga as próprias deficiências e os próprios pecados e limitações. Sente, sempre, que lhe falta algo para estar mais perto do seu Senhor. O Senhor nos atrai e queremos ir ao seu encontro, mas sentimos sempre o peso de nossas misérias; algo que nos prende, impedindo-nos de prosseguir. A esperança é aquela virtude teologal que Deus infundiu em nosso coração, juntamente com a fé e a caridade. É a virtude que nos estimula a olhar em frente, à meta para a qual somos atraídos, e a fazer todo esforço para não ficarmos parados. A esperança é um motor que dá vida à fé e à caridade. Sem a esperança, as outras virtudes seriam como mortas, sem nenhuma eficácia na nossa vida espiritual, e teríamos de dar adeus ao desejo de santidade e à vida com Deus. Deus insiste em nos atrair para formar uma íntima união com ele, e nós devemos insistir em dar mais um passo no caminho ao encontro dele, esperando sentir finalmente seu abraço de amor e de paz.

A busca das virtudes como via de salvação

## O homem é a expressão do amor de Deus

*"Felizes os olhos que veem o que vós vedes" (Lc 10,23).*

São João viu, ouviu e tocou o que Jesus disse e fez; por isso nos ensina qual é a essência de Deus: "Deus é amor". João, ouvindo as palavras e vendo os muitos milagres que Jesus realizou em favor dos doentes e dos pobres, entendeu que a vinda de Jesus ao mundo, a sua encarnação, foi a manifestação do grande amor que o Pai tem para com a humanidade. Mas toda a criação, e particularmente o homem, é a expressão do amor de Deus, que não guarda somente para si, mas o difunde em todas as criaturas, que são um hino de louvor e de agradecimento ao seu Criador. Particularmente, só o homem é capaz de corresponder ao amor de Deus. Aliás, não só o amor para com Deus, mas, também, para com o próprio semelhante. A caridade é o dom mais necessário para se alcançar a vida eterna. Um verdadeiro cristão é reconhecido se souber viver o amor em suas dimensões vertical e horizontal, ou seja, amor para com Deus e para com o próximo.

## A vontade de Deus acima de tudo

Jesus nos ensinou, na oração do pai-nosso, a dizer: "Seja feita a vossa vontade". Sabemos pelo Evangelho que a vontade de Deus está expressa nos dez mandamentos e que, quem os observa, demonstra o seu amor e a sua fidelidade ao Senhor. Porém, como posso discernir com clareza a manifestação da divina vontade? Então, é bom esmiuçar os mandamentos para eu me dar conta se estou observando a vontade de Deus ou não. Preciso examinar as diversas circunstâncias da vida, as mais variadas manifestações da minha vontade. Preciso, também, refletir sobre o conhecimento dos deveres inerentes ao meu estado, às minhas atividades e às minhas responsabilidades. No que se refere a obediência, paciência, generosidade, solidariedade, desapego etc., se estou consciente do dever que devo cumprir, estou na vontade divina. A santidade não se realiza no cumprimento de obras extraordinárias e grandiosas, mas nas pequenas coisas que podem parecer de pouco valor, mas que são frequentemente a vontade de Deus.

## *Devemos alimentar a nossa fé*

A fé é um dom de Deus e a virtude pela qual acreditamos em realidades que não se veem, que não alcançamos pelos nossos sentidos. Somente a revelação, mediante a Palavra de Deus, pode despertar em nós a fé. Portanto, precisamos meditar atentamente o conteúdo da revelação nas Sagradas Escrituras, iluminados pelo Espírito Santo, para dar início e fundamento à nossa caminhada de fé. Lendo o Evangelho e refletindo sobre a pessoa de Jesus, sobre tudo o que ele fez e ensinou, temos motivação para crer que Jesus não era um homem como os outros, mas o Filho de Deus encarnado, o Messias anunciado pelos Profetas. Quanto mais cresce nossa fé em Jesus, maior se torna o nosso amor por ele. Pela fé nos encontramos com Deus e sentimos a sua presença em nós, sem vê-lo nem tocá-lo. A nossa união com Deus se torna mais profunda e duradoura conforme a profundidade da nossa fé. Quando nos empenhamos nesse caminho de fé, atendemos ao convite de Jesus para sermos perfeitos, como o Pai que está nos céus. A fé é uma decisão da inteligência e da vontade, e não um sentimentalismo à procura de consolações espirituais. A fé nos ensina que Deus é Amor. Ele está conosco, mesmo se sentimos ou não a sua presença. Deus nos ama, portanto, está sempre conosco. Devemos repudiar todo pecado para reconhecer sua presença e para que sua graça possa fluir em nós.

## Espírito de pobreza

*"Felizes os pobres em espírito, porque a eles pertence o reino dos céus... não junteis para vós tesouros na terra, mas acumulai para vós tesouros no céu, porque, onde estiver o teu tesouro, ali estará também o teu coração"*
(Mt 5,3; 6,19-21).

Quem quer seguir a doutrina de Cristo, não precisa ter tanta atividade nas coisas terrenas, mas contentar-se com o necessário e renunciar ao supérfluo. Não devemos mergulhar tanto nos afazeres a ponto de não termos tempo para as coisas do espírito: "Procurai antes o Reino de Deus e sua justiça, e o resto Deus vos dará gratuitamente" (cf. Mt 6,33). Outro aspecto do espírito de pobreza é a obrigação da esmola. O que se opõe ao espírito de pobreza são o egoísmo e a avareza.

## À luz do Senhor

*"Eu sou a luz do mundo. Quem me segue não caminhará nas trevas, mas terá a luz que conduz à vida"* (Jo 8,12).

A escuridão era uma escuridão de morte. Jesus veio como luz para a humanidade mergulhada nas trevas. Realizou isso com o seu ensinamento e, sobretudo, com o seu exemplo de vida. Ele mesmo se apresentou e se propôs como modelo de vida, dizendo: "Olhai para mim que sou manso e humilde de coração" (cf. Mt 11,29). O verdadeiro seguidor de Cristo procura conformar sua vida à de

Pétalas de rosa

Jesus, praticando as mesmas virtudes do Senhor, particularmente as virtudes da paciência e da humildade, diante de provocações, contrastes e oposições. Em Jesus, todas as virtudes são praticadas de forma exemplar e perfeita. Mas olhar para Jesus e seguir o seu exemplo não é nada fácil, pois o tentador faz de tudo para impedir isso, instalando a vaidade nos corações. Vaidade que se traduz na vontade de aparecer, de ser melhor que os outros, de ser aplaudido, de considerar-se mais santo... Vaidade que impede a pessoa de avançar no caminho da santidade. Só a mansidão e a humildade de Jesus nos fazem vencer a vaidade.

## Gratidão

A gratidão é questão de educação e de amor. A pessoa que agradece por ter recebido um favor demonstra gentileza, satisfação e consideração. É natural e espontâneo agradecer quando se recebe um favor, mesmo que seja breve, dizendo apenas: "Obrigado". E todas as pessoas sentem grande satisfação quando são agradecidas. O próprio Jesus demonstrou certo descontentamento quando, depois de ter curado dez leprosos, somente um, que era estrangeiro, voltou para agradecer. Os outros nove, para onde foram? Muitas vezes, o dever de agradecer é esquecido até pelas pessoas mais virtuosas, mais piedosas... Também em relação a Deus, há quem pense que é obrigação do Senhor realizar certos favores, portanto, sente-se dispensado do dever de agradecer. Basta refletir: a falta de agradecimentos se torna sempre um ato desfavorável, um prejuízo pessoal, já que afasta a realização de outros favores.

São Paulo, na Carta aos Filipenses, diz: "Manifestai a Deus as vossas necessidades por meio de orações e súplicas com ação de graças" (Fl 4,6). Portanto, é louvável que, na ação de súplica para conseguir alguma coisa, esteja presente o agradecimento. Não há nada de que não devamos agradecer continuamente ao Senhor.

## Temperança

Deus nos criou inteligentes e livres, capazes de entender e querer o que é bom para a nossa vida. Colocou diante de nós um vasto leque de coisas saudáveis e boas para o nosso bem, mas também nos alertou para não nos deixarmos seduzir por coisas nocivas à nossa vida material e espiritual. Ao mesmo tempo que somos convidados e exortados a trilhar o caminho do bem, temos à nossa disposição todos os meios para alcançarmos nossa meta. O apóstolo São Paulo, na Carta aos Romanos, nos diz: "Vesti-vos do Senhor Jesus Cristo e não tenhais preocupações com a carne" (Rm 13,14). Toda pessoa deve olhar e considerar a sua dignidade e tornar-se dona de si mesma, sem deixar-se dominar por qualquer paixão que escraviza e torna a vida infeliz. A virtude da temperança, infundida no cristão por meio de seu Batismo, ajuda a libertar de tudo aquilo que pode diminuir ou pôr a perder sua boa conduta. Ajuda a dominar os vícios e as paixões desordenadas, a manter a pessoa na dignidade de filha de Deus e a viver na prática do grande amor para com Deus e os irmãos. A temperança é a virtude que equilibra as exigências do espírito com os apetites da carne; ajuda a pessoa a dominar os exageros na bebida, na comida ou em outras extravagâncias, e também a frear os impulsos da ira, da cólera, da violência, do ressentimento... A temperança, juntamente com a fortaleza, ajuda, ainda, a controlar os próprios instintos, a manter-se humilde, a ser sal e luz no meio da comunidade e a conquistar a estima e o afeto dos outros.

Pétalas de rosa

## *Fortaleza*

Meditando sobre os dons do Espírito Santo, damos particular ênfase aos dons da sabedoria e da fortaleza. Por meio desses dons, podemos conhecer qual seja a vontade de Deus a nosso respeito, qual o caminho certo, quais são os deveres que devemos praticar... Ao mesmo tempo, considerando as nossas fraquezas, nossos limites e também certo comodismo, pedimos com insistência o dom da fortaleza para enfrentar, com a devida coragem, os problemas de nossa vida e também para realizar o que o Senhor nos exorta a alcançar.

Jesus, falando de São João Batista, ressalta a fortaleza desse homem pregando a verdade e questionando as injustiças com a autoridade de sua vida e com o seu martírio; e São João também afirma a respeito de Jesus, dizendo: "Vem depois de mim um mais forte do que eu..." (cf. Lc 3,16). Precisamos dessa fortaleza que vem de Deus, para sermos vitoriosos no combate da vida. Jesus ensina que, para ganhar o Reino do céu, é preciso uma força para expulsar aquele espírito de acomodação e de inércia que muitas vezes nos domina. "O Reino de Deus tem sido assaltado. E são os violentos que o conquistam" (Mt 11,12). Para enfrentar Satanás é preciso da fortaleza que só Deus pode nos dar. Jesus fala que o seu jugo é suave e leve, mas só um grande amor a Deus pode suscitar em nós aquela fortaleza sobrenatural que nos dá a capacidade de carregar esse jugo suave que o Senhor nos impõe, para conquistarmos a vida eterna. O caminho traçado pelo Cristo é um caminho para os corajosos, para os fortes. Nunca podemos esquecer que a força vem de Deus, e Jesus nos exorta a pedi-la com insistência.

"Intensificai vossas orações e súplicas. Orai em toda circunstância, movidos pelo Espírito, com perseverança e insistência" (cf. Ef 6,18).

## *Santidade*

O que é a santidade que o Senhor tanto nos recomenda a alcançar e viver? A santidade manifesta a essência de Deus no exercício da sua bondade e do seu amor para com a humanidade. É o ideal de vida para o qual nos convida e nos exorta a fazer todo esforço para alcançá-lo. É o querer de Deus para nos identificarmos com ele e ter a sua mesma bondade e o seu mesmo amor. É como nos escondermos no Coração de Deus para sentirmos o calor das suas palpitações que não tem fim, não tem limite, sempre novo, sempre mais atraente, sempre mais comunicativo e transformador.

Peçamos humildemente:

*Senhor, nós queremos alcançar essa santidade, queremos ser santos, queremos, a cada dia, ser mais semelhantes a ti, queremos viver o teu amor, queremos, como tu, ter um coração aberto e capaz de abraçar o mundo todo, queremos que todos as pessoas participem dessa tua santidade e o AMOR seja o único e autêntico símbolo das relações entre todos os seres humanos.*

*Queremos ser santos para sermos instrumentos de santidade nas tuas mãos e trazer ao teu seguimento uma infinidade de pessoas, que vivam no teu amor e por este teu amor.*

*Ajuda-nos, Senhor, a sermos santos como tu és Santo.*

*Ajuda-nos a sermos exemplos de coerência com o teu Evangelho e com o teu ensinamento.*

*Ajuda-nos a viver as virtudes de quem tu nos deste o exemplo.*

*Ajuda-nos a ter sempre um coração puro e transparente.*

*Ajuda-nos a fazer sempre a vontade do Pai, vencendo todas as ilusões do mundo e permanecendo sempre unidos a ti, saboreando a tua presença em nós.*

*Amém.*

Pétalas de rosa

## Conservar a esperança

A esperança é uma virtude teologal como a fé e a caridade. Por ela se espera que algo importante, bom e útil vai acontecer. É a virtude que mantém elevado o ânimo de cada pessoa, com a certeza de superar as dificuldades que se podem encontrar no decorrer da vida. A esperança é a virtude que nos sustenta na luta contra o pecado, em vista da vida eterna. Ela afasta o desânimo e fortalece a vontade de se empenhar em utilizar o tempo no cumprimento de boas obras. O estudo do Evangelho e a meditação da Palavra de Deus fortalece, em nós, a esperança e motiva um comportamento reto e justo em vista da realização da promessa feita por Jesus. Todo sacrifício feito para se viver o Evangelho e para observar os mandamentos é motivado em vista da vida eterna, em vista do prêmio eterno que o Senhor vai dar aos que perseverarem na esperança. Para isso é preciso fidelidade e empenho das faculdades da mente e do coração. A esperança nos ajuda a não ficarmos parados, mas a darmos mais um passo no caminho da perfeição, no caminho que nos leva ao encontro do que Jesus nos prometeu. Para manter viva a esperança é preciso rezar muito e confiar sempre na bondade do Senhor. A esperança com as outras virtudes teologais da fé e da caridade se sustentam reciprocamente, de modo que elas subsistem sempre juntas.

É vontade de Deus que alimentemos a virtude da esperança, confiando sempre em sua misericórdia. Apesar de tudo, sempre poderemos olhar para o amanhã com esperança.

## A festa de Todos os Santos

A festa de Todos os Santos, mais uma vez nos lembra da vocação universal à santidade. Deus, o nosso Criador, o nosso bom Pai, chama e exorta a todos nós para que sejamos santos. Que grande coisa deve ser a liberdade de responder a este convite, alcançar o alto cume da santidade e alegrar-se por ter merecido tanta honra! É verdade que a santidade é obra de Deus, é dom de Deus, mas, ao mesmo tempo, temos a felicidade de poder aderir ao convite de Deus com plena vontade e com a consciência clara. Chegar ao Paraíso será, verdadeiramente, uma explosão de alegria, depois de termos fechado os olhos ao mundo terreno, abri-los na visão deslumbrante do céu, diante da majestade da Santíssima Trindade, do esplendor de Nossa Senhora e do louvor dos anjos e dos santos. É a vida eterna que se projeta à nossa frente. Vale a pena lutar um pouco, sofrer um pouco, por tanta glória que nos espera. O Senhor nos convida, nos exorta e, ao mesmo tempo, põe à nossa disposição todos os meios necessários para realizarmos esse tão grande empenho; e não apenas isso, mas ele mesmo se põe ao nosso lado, como companheiro de caminhada. "Eis que vou ficar convosco todos os dias, até o fim dos tempos" (Mt 28,20). "Não vos deixarei órfãos" (Jo 14,18).

*Súplica: Sim, Jesus, queremos ser santos, como nossos irmãos e irmãs que nos precederam e que hoje queremos olhar com simpatia. Queremos pedir que nos ajudem a alcançá-los para nos unirmos a eles no canto de louvor e de agradecimento ao nosso amoroso Pai do céu.*

# 10
# Passos para intimidade divina: a oração

*Não podemos dar ao Senhor as migalhas do nosso tempo.*
*"O nosso Deus é um Deus exigente"* (cf. Na 1,2).

Ele não quer dividir com ninguém a nossa atenção, o nosso amor. É um Deus exigente, porque nos deu tudo: para nos resgatar, ele nos deu a vida quando pecamos e, além disso, nos prometeu a vida eterna. Portanto, com todo direito, ele exige tudo de nós. Ele quer também que aquele diálogo que iniciamos na oração seja um diálogo continuado, estável, sem interrupção. Ele gosta de se entreter conosco, quer ouvir a nossa voz, mas quer também comunicar e quer que prestemos atenção em tudo o que nos diz.

Entendemos que *rezar* é também escutar; *amar* é também escutar; *silenciar* é também escutar; *meditar* é também escutar; *contemplar* é também escutar; *dar atenção* é também escutar.

É a voz do Pai que, no dia da transfiguração de Jesus, nos exortou: "Eis o meu Filho bem-amado, ouvi-o" (cf. Mt 17,5). Também o Profeta Jeremias nos exorta: "Ouvi a voz do Senhor" (cf. Jr 31,10). Jesus veio ao mundo, enviado pelo Pai, para nos ensinar qual é a vontade de Deus a nosso respeito, qual deve ser o nosso comportamento para alcançarmos a vida eterna. Portanto, ouvi-lo e meditar sua Palavra é questão de vida ou de morte. "Eu sou a luz do mundo;

quem me segue não caminhará nas trevas, mas terá a luz que conduz à vida" (Jo 8,12).

## O pai-nosso

O pai-nosso é a oração que Jesus nos ensinou. Portanto, é a oração mais perfeita, é o modelo de todas as outras orações. Sendo ela Palavra de Deus, é a oração mais eficaz. Quando rezarmos com devoção e concentrados naquilo que estamos pedindo, ela será útil para a nossa santificação. Muitas vezes a rezamos estando distraídos e com a mente muito longe do devido recolhimento; então, não conseguimos o que estamos pedindo. No pai-nosso, Jesus nos ensina a pedir a Glória de Deus, a vinda do seu Reino e o cumprimento da sua vontade, mas também nos ensina a pedir o necessário para o nosso sustento e a nossa santificação. Quando a oração é expressão genuína e sincera dos sentimentos do nosso coração, é sempre ouvida e eficaz, a menos que não seja uma repetição maquinal de fórmulas, mais por hábito do que por íntima convicção. Quando rezar, lembre-se de pedir pela paz no mundo, pelo fim das guerras, e pedir com insistência que a Vontade de Deus se sobreponha a todas as vontades dos homens. Rezemos também pelas vítimas das guerras, para que encontrem o coração misericordioso de Jesus a acolhê-las na Pátria Eterna.

## "Rezai continuamente!"

O pecado é o inimigo absoluto de quem quer trilhar o caminho da santidade e uma vida de perfeição; ele constitui a maior ofensa à bondade e à misericórdia de Deus. Inimigo de Deus, ele possui uma força tão destruidora a ponto de causar a morte de Jesus. Mas Jesus, com sua ressurreição, venceu o pecado. A luta que devemos travar neste mundo é contra o pecado, não só contra o pecado mortal, mas também contra o pecado venial e qualquer imperfeição que seja contrária à vontade de Deus. Com a Graça de Deus, que conseguimos mediante uma assídua oração, podemos vencer o pecado. Por isso, Jesus nos admoesta quando diz: "Rezai em todos os momentos para não cairdes em tentação" (cf. Lc 21,36).

A presença de Jesus na nossa vida é uma presença ativa e dinâmica, enquanto nos ensina continuamente a aceitar o seu ensinamento e a pô-lo em prática. Da mesma maneira, essa presença de Cristo no ser humano infunde-lhe a caridade sobrenatural que o dispõe a amar cada vez mais o Criador e, de reflexo, a amar os irmãos. Jesus age na pessoa por meio do Espírito Santo que enviou e continua a enviar. O pecado afastou a humanidade de Deus, mas a vinda de Jesus no meio de nós e o seu sacrifício nos resgataram das mãos do maligno. Ele nos reassumiu para participarmos da intimidade de Deus, com o título de "filhos adotivos", e, portanto, para sermos herdeiros da vida eterna.

Obrigado, Senhor, por ter nos dado essa oportunidade de gozar de uma nova vida juntamente com a Trindade Divina!

Jesus, embora estivesse sempre unido ao Pai pela natureza divina, durante a sua vida mortal quis dedicar prolongado tempo à oração silenciosa, sozinho, em contato com o Pai. Com isso, quis nos ensinar o quanto é importante e necessário que adquiramos essa prática de uma oração silenciosa de contemplação, como recarga de energias para a luta de todos os dias. Ele mesmo nos ensina, dizendo: "Quando rezares, entra em teu quarto, fecha a porta e reza a teu Pai..." (Mt 6,6). A oração tem de ser também alimentada pela oferta generosa a Deus das nossas dores, tristezas e problemas que podemos encontrar ao longo da vida.

Pétalas de rosa

## Jesus quer ser íntimo de nós

*"Eis que estou à porta, e bato! Se alguém ouvir a minha voz e me abrir a porta, entrarei em sua casa e cearemos, eu com ele e ele comigo" (Ap 3,20).*

Jesus quer ser íntimo de nós. Certa vez, dirigindo-se aos Apóstolos, disse: "Eu vos chamo de amigos, porque vos dei a conhecer tudo quanto ouvi de meu Pai" (Jo 15,15). A amizade cria intimidade: entre amigos não há segredos... há respeito, solidariedade e amor. Jesus quer isso entre nós e ele. A intimidade se aprofunda e solidifica em proporção ao diálogo que se estabelece entre nós e ele, mas sempre considerando que ele é o Senhor e nós somos suas criaturas. Nesse relacionamento de dependência, dirigimo-nos a ele com pensamentos de louvor, de agradecimento, e, com profunda humildade, pedimos a sua ajuda para que possamos nos sentir cada vez mais íntimos dele, seguindo os seus ensinamentos e crescendo na manifestação do nosso amor para com ele e com todos os que ele ama.

## "Pedi e recebereis!"

Jesus sempre nos disse para pedir ao Pai em seu nome, assegurando-nos a eficácia daquilo que pedimos. "Eu vos declaro: se pedirdes alguma coisa a meu Pai em meu nome, ele vos dará" (Jo 16,23). Ele é o grande mediador, o único intercessor entre nós e Deus. Porém, temos de pedir com fé e confiança. São estas as condições para conseguirmos o que pedimos.

## "Senhor, ouvi a minha oração!"

*"Das profundezas clamo a ti, Senhor, escuta meu apelo!"*
*(Sl 129[130]).*

Em certo momento, a vida espiritual pode se achatar a tal ponto de não possuir mais aquele ardor, aquele entusiasmo, aquele vigor inicial. Perde o fervor do amor, e, com isso, também a fé é prejudicada. A pessoa sensível, quando comete um pecado venial, logo percebe o erro e sente dor, arrepende-se e pede perdão ao Senhor; assim, logo a sua vontade se anima para reiniciar a sua caminhada de perfeição. Às vezes, o Senhor permite tais situações para dar à pessoa a consciência da sua pobreza espiritual e infundir-lhe um profundo ato de humildade, que está na base de todo caminho de santidade.

### Unidos na oração

A obediência de Jesus é exemplo e modelo para nós. Também somos chamados a obedecer, unindo ao sacrifício de Jesus os nossos sacrifícios, as nossas renúncias, as nossas mortificações, os nossos jejuns, os nossos trabalhos, as nossas orações, para pedir perdão dos nossos pecados e dos pecados da humanidade. É uma empreitada de todos os cristãos, todos unidos, unânimes, dirigindo a Deus as mesmas palavras de Jesus no horto de Getsêmani: "Pai... não se faça a minha vontade, mas a tua" (Lc 22,42), e dispondo-nos como Jesus a obedecer ao chamado e ao convite do Pai, colocando a nossa vida à disposição do Evangelho.

Pétalas de rosa

## Meios que ajudam o cristão

É muito bonito e consolador ver tantas pessoas participando da Missa dominical, ver a Igreja cheia, todas acompanhando com atenção a liturgia, seguindo os vários momentos da celebração, rezando, cantando, respondendo de pé, sentadas ou de joelhos. Mas tudo isso não basta para uma sincera e eficaz caminhada rumo à santidade. Diz o Evangelho que Nossa Senhora conservava no seu coração e meditava tudo aquilo que se dizia a respeito de seu Filho Jesus. Esse deve ser o comportamento do cristão. A liturgia é rica de ensinamentos que devem ser meditados no silêncio, no recolhimento, para que nos penetre no fundamento da Palavra de Deus, pois é "feliz o homem que medita dia e noite a Palavra do Senhor" (cf. Sl 1,1-2).

## Deus quer o nosso amor

Deus quer que obedeçamos aos seus mandamentos, mas quer também que lhe demos atenção, que manifestemos o nosso carinho por ele, que o coloquemos em primeiro lugar nos nossos pensamentos, nos nossos interesses; pequenas atenções com que manifestamos todo o nosso afeto de filhos amorosos e obedientes.

"Junto a ti eu me mantive, e pela mão direita me tomaste. Guia-me agora a tua providência, até que em tua glória me recebas. Quem teria nos céus senão a ti? Se estou contigo, não me agrada a terra" (Sl 72[73],23-25).

Intuindo essa presença de Deus em mim, como a única presença (porque todas as outras não me interessam), a presença dele me basta. É a ele que eu tenho de dar atenção, mediante o exercício da fé e da caridade; e, mediante esse exercício, recebo o influxo da graça que me santifica. Alegra-te, portanto, pensando e meditando nessa Divina Presença, nesse Hóspede Divino, que fez do teu coração a sua morada! Entra cada vez mais em profundidade nessa intimidade com Deus e a tua permanência na terra já será uma antecipação das alegrias do céu!

## O amor é uma chama que nunca pode ser apagada

O amor para com o Senhor deve ser constante. O amor é uma chama que nunca pode ser apagada. O pensamento em Deus tem de ser habitual; é uma escolha fundamental e não devemos nos afastar dessa escolha. Deus está em nós e nós estamos em Deus. Ele vive em nós e nós vivemos por ele. Guardando essa fusão, é possível fazer da vida uma contínua oração, uma contínua comunhão, um contínuo diálogo. Então, também o silêncio é oração. Deixando-nos conduzir por essa escolha fundamental, tudo é enaltecido pela presença de Deus. Também, quando nos encontramos no cumprimento das várias ocupações e obrigações, que nunca se interrompa o nosso relacionamento amoroso com Deus; assim, entendemos que orar não é só pedir, mas dar glória, agradecer, viver em estado de graça com ele, em espírito de união, meditando e contemplando no silêncio.

## A contemplação

Caríssimos irmãos e irmãs, com quem queremos trilhar o caminho da intimidade divina: sentimo-nos cada vez mais atentos em viver esse espírito de familiaridade com a Santíssima Trindade. Colocamo-nos em contemplação das três Pessoas Divinas: do Pai amoroso e misericordioso; de Jesus nosso Irmão, que veio para nos ensinar o caminho da vida e dar a sua vida em sacrifício para nos resgatar da morte; e também do Espírito Santo, que nos ilumina com os seus sete dons e nos santifica. Juntamente com a Trindade Divina, contemplamos também a Virgem Maria, a Nossa Mãe do céu, que nos faz sentir o calor e a alegria de quanto é bom vivermos nessa intimidade divina, nessa familiaridade com Deus.

## A oração tem poder de transformar

*"Pai... que todos sejam um, assimcomo tu estás em mim e eu em ti" (Jo 17,21).*

É este o núcleo da oração de Jesus, depois de ter-nos dado o dom da Eucaristia e antes de se encaminhar para a imolação suprema de si mesmo no sacrifício da cruz. São as últimas recomendações, as mais importantes que Jesus nos dá, antes de nos deixar, para que realizemos a nossa felicidade e a nossa salvação. Hoje o mundo dos cristãos está tristemente dividido... A ganância, a ambição, a inveja, o ódio, a vingança, a impaciência, o egoísmo são as causas de tantas divisões. Jesus nos exorta a lutarmos contra esses vícios, apoiando-nos na força do seu poder, da sua graça. Por isso, compreendemos como é importante a oração, porque sozinhos não seríamos capazes nem de mover uma palha. O grande Apóstolo São Paulo, plenamente convencido disso, dizia: "Tudo posso naquele que me torna forte" (Fl 4,13). Não podemos viver uma vida distraídos pelas coisas do mundo, preocupados só em resolver os problemas contingentes da vida. Justamente o grande Apóstolo nos admoesta para que nos preocupemos mais e mais com as coisas do alto, não com as da terra. Tudo que é da terra, um dia, devemos deixar. Só ficam as obras boas, os merecimentos que podemos adquirir, empenhando seriamente a nossa vida no seguimento de Jesus, praticando os seus ensinamentos e seguindo o seu exemplo. Olhemos para frente, com um forte desejo de alcançar a vida eterna, invocando sempre a intercessão de Nossa Senhora, para que ela nos proteja e nos acompanhe nesta nossa caminhada.

## O recolhimento interior

*"Ide agora a sós a um lugar isolado, e descansai um pouco"* (Mc 6,31).

A vida não pode ser um contínuo movimento, resumindo-se em atividades para enfrentar e resolver problemas; um contínuo afanar-se, perdendo a calma e a serenidade. É necessário descanso físico e espiritual para encontrar-se consigo mesmo e com Deus. O convite vem de Jesus, que quer dialogar conosco, quer ouvir quais são os nossos problemas, as nossas dificuldades; ele quer nos ajudar, mas quer nos ouvir no silêncio, quer que sintamos mais a sua presença, e também quer a nossa presença. Um diálogo íntimo com Jesus só pode realizar-se no recolhimento; por esse motivo, precisamos parar em alguns momentos para refletirmos um pouco sobre a nossa situação espiritual. Jesus nos alerta, dizendo: "Procurai, em primeiro lugar, o Reino de Deus e todas essas coisas vos serão dadas por acréscimo" (Lc 12,31); e "Quando rezardes, entra em teu quarto, fecha a porta e reza a teu Pai que está presente até em lugar oculto" (Mt 6,6). O recolhimento interior é necessário; não basta apenas a oração feita em comunidade. A solidão por si só também não basta. Não bastará isolar-se se antes não fechar a mente para todos os problemas, angústias e pensamentos das mais diversas coisas. Deve ser um recolhimento sério: refletindo sobre a nossa consciência diante da vontade de Deus, propondo corrigir o que está errado e aperfeiçoando o progresso nas virtudes. Enfim, trata-se de examinar se estamos ou não de acordo com a vontade de Deus.

## Pétalas de rosa

### A oração é a nossa força

Verdadeiramente penosa é a vida do homem sobre a terra, exposta a mil dificuldades, seja de ordem existencial – para providenciar tudo que é preciso para viver –, seja de ordem ética – para manter-se no equilíbrio moral e não se deixar derrotar pelas tentações que querem afastá-lo do caminho da virtude. Jesus, como homem, provou tudo isso e nos exorta a nos dirigirmos a Deus com toda confiança de conseguirmos a força necessária para vencer: "Pedi e vos será dado" (Mt 7,7). Certamente, Jesus não nos exorta a pedir com insistência para depois esquecer-se de nós. Devemos acreditar na força da oração, sobretudo quando a nossa oração é dirigida com fé e com total abandono nas mãos da divina Providência. Quando rezarmos, devemos criar um clima de silêncio e de recolhimento, para que não fiquemos distraídos, mas toda a nossa atenção esteja dirigida a quem estamos rezando. É preciso ficar atento: o demônio não desiste de nos tentar, esperando sempre o momento oportuno para dar o seu ataque; e é também por isso que Jesus nos exorta a insistir na oração e nunca parar. A oração é a nossa força. Quando nos sentimos particularmente atormentados pelas dificuldades, pelas provações da vida, pelas tentações, quando parece que tudo está contra nós e sentimos que a nossa resistência chegou ao limite, o único caminho de salvação é refugiar-se em Deus e dizer como a rainha Ester: "Outro caminho não tenho, senão a vós" (cf. Est 4,17l). Essa insistência que Jesus nos exorta a ter na oração é, sobretudo, para debelar o verdadeiro mal que aflige a humanidade e que pode contaminar também a nós, ou seja, o pecado. Porque o pecado nos afasta de Deus e cria divisão entre os homens. O pecado é falta de amor para com Deus e entre nós.

## *Por que rezar?*

Sentimos e experimentamos as nossas deficiências e limitações; sentimos a impotência de tantos fatos e acontecimentos da vida; todos os esforços parecem inúteis para conseguir algum ideal... Experimentamos fracassos em várias tentativas para superar algum obstáculo que parece insuperável. Diante dessas considerações nasce, espontânea e urgentemente, a necessidade de recorrer a alguém que possa ajudar e que esteja disposto a ajudar. É aqui que se apresenta a figura amorosa de Deus, Pai do céu. É ele o Pai amoroso, misericordioso e bom, cuja natureza e essência é o amor. Deus é amor e, como tal, tem possibilidade, capacidade e disponibilidade de vir ao nosso encontro. A exigência dele é que acreditemos nele e que coloquemos toda a nossa confiança em seu amor. Rezar é entrar em comunhão com ele, dialogar com ele, em um clima de silêncio, de recolhimento e de profunda meditação e contemplação; é sentir sua presença em espírito de humildade e de total abandono nas suas mãos; e ter a consciência de que estamos na presença do nosso Criador e também do nosso Redentor, de um Deus que, tendo nos criado à sua imagem e semelhança, nos ama como a si mesmo. O seu amor é abrangente, é total, é infinito, como ele é infinito; e exige de nós também um amor total e exclusivo. Ele é a fonte viva da graça, sempre pronto a atender a nossas exigências. Ele é a fonte inesgotável de todo bem e que se doa totalmente a quem lhe abre as portas do seu coração e se dispõe a ouvi-lo e a obedecê-lo, no cumprimento da sua divina vontade. Ele é um Deus exigente que não quer dividir com ninguém a totalidade do nosso amor. Ele é a luz que afasta todas as trevas do pecado e torna mais ágil o nosso andar no caminho da perfeição e da santidade. Ele é o Pai que nos quer sempre mais próximos dele, e nos fazer sentir mais profundamente as suas atenções de Pai, e também sentir as nossas manifestações de amor filial.

Pétalas de rosa

## *O que é a contemplação?*

Contemplação é uma unidade de todas as faculdades da pessoa, como inteligência, memória e vontade, no mistério que se quer conhecer. É uma aproximação da pessoa com Deus, com o mistério que é proposto pela meditação. Quando Jesus ensina a rezar e aconselha a entrar no quarto, a fechar a porta e falar com Deus, não se refere à porta material do quarto, mas que a mente esteja toda envolvida no mistério, esquecendo, naquele momento, todas as outras ocupações e preocupações para ficar livre de distrações. A pessoa tem de se concentrar na cena ou mistério que está pensando, como se estivesse fazendo parte do acontecimento que se desenrola no seu pensamento interior. Tem de viver esse mistério de amor com o pulso do seu coração, que vibra em harmonia com o que está contemplando. No exercício da oração, a contemplação ocupa o momento mais alto. A oração é um empenho continuado do cristão que, a todo momento, pela participação da liturgia, das orações comunitárias, do rosário, das jaculatórias, pode ser repetida durante as várias atividades. Já a contemplação exige um tempo reservado, dedicado única e exclusivamente ao diálogo com Deus e ao conhecimento dos mistérios divinos que se referem à salvação. Podemos considerar esse tempo dedicado à contemplação como um tempo de recarga espiritual, para recuperar as energias perdidas nas atividades e para sentir também o gosto de estar mais perto da presença de Deus. Certamente, para viver esse tempo de contemplação é necessário que a pessoa tenha um forte espírito de humildade, de generosidade e de disponibilidade. Deus não força ninguém. A pessoa tem de sentir-se plenamente livre de se doar a Deus.

## *Rezar é...*

Rezar é uma manifestação de fé da criatura para com Deus. É um ato de amor e de confiança em Deus, um gesto de humildade e de reconhecimento da própria miséria. É a certeza do poder de Deus e da sua misericórdia, e a segurança no amor que Deus tem para com a criatura. Rezar é louvar a Deus pela sua glória, é agradecer a Deus pela sua bondade e misericórdia, é pedir perdão pelos pecados, é buscar ajuda para ter forças e não cair nas tentações, é pedir ajuda no árduo caminho à santidade. Para rezar bem é preciso recolhimento, silêncio exterior e interior, mas se pode rezar em todo momento com pequenas jaculatórias, que expressam amor e fé no Senhor e na sua infinita misericórdia. Se está na estrada, no trabalho, na escola, ou fazendo qualquer outra coisa, ninguém pode controlar ou impedir a pessoa de se dirigir ao Senhor com breves orações.

# 11
# Cultivando a vida espiritual

### *Como cultivamos a nossa vida interior?*

Certamente podemos cultivar nossa vida interior concedendo mais tempo à oração, dando mais espaço à meditação, à contemplação dos mistérios da nossa fé, lendo a Palavra de Deus, a vida dos santos ou bons livros de formação, repetindo pequenas jaculatória durante o dia, praticando sentimentos e gestos de caridade para com o próximo, descobrindo e vivendo a vontade de Deus e a prática das virtudes cristãs, cultivando a vida interior seriamente. Desse modo, estaremos antecipando, ou melhor, já estaremos participando das alegrias celestes.

### *O amor de Jesus é dinâmico*

*Eu sou a videira e vós, os ramos (Jo 15,5).*

É belíssima esta comparação de Jesus, em que ele se apresenta como a videira e nós, como os seus ramos. Os ramos produzem frutos enquanto estão unidos ao tronco; assim, produziremos frutos de vida eterna enquanto estivermos unidos a Jesus, não só pelo Batismo e pela graça, mas também por aquele ardente desejo de lhe manifestar a nossa fidelidade e o nosso carinho, pensando nele continuamente e agradecendo-o pelo amor que tem para conosco. O nosso amor para com ele tem de ser dinâmico, continuado, manifestado com contínuas atenções. A graça que nos é comunicada mediante os sacramentos outra coisa não é senão a vida divina que nos é dada, enquanto estamos unidos a Jesus Cristo, como os ramos estão unidos ao tronco. "Eu vim para que todos tenham vida, e a tenham em abundância" (Jo 10,10).

Jesus nos revela o Pai, mas nos ensina também a maneira de como amá-lo, como agradá-lo. "Sede perfeitos como vosso Pai celeste é perfeito" (Mt 5,48). Parece um exagero, pois ninguém pode alcançar a perfeição infinita de Deus, mas Jesus quer pôr em movimento a nossa vontade, tendo em vista que temos de corrigir nossos inúmeros defeitos e endireitar tantas tortuosidades. Na medida do possível, devemos manifestar o nosso amor de uma maneira sempre nova, e isso exige um contínuo dinamismo da nossa mente, da nossa vontade, de querermos nos aproximar cada vez mais do nosso Deus, nosso Pai. Nesse caminho de perfeição, que ninguém se atreva a dizer: "Cheguei, alcancei a meta!", pois isso seria um desastre. Com certeza, ao pensar desse modo, a pessoa se encontraria de novo no começo da caminhada. Portanto, com profunda humildade, é preciso continuar a caminhada lutando e olhando sempre a meta última, que é o próprio Deus. Nesse caminhar, agradeçamos ao Senhor, que nos convida à santidade e nos oferece todos os meios para alcançá-la. Ele nos exorta para uma vida perfeita, mas nos assegura a sua presença – a sua graça, as virtudes infusas, os dons do Espírito Santo – e os sacramentos – a Eucaristia, a confissão... Jesus nos chama a dar uma resposta pronta e imediata; não a adiemos para um amanhã que não nos pertence, que não sabemos se vai chegar. O chamado de Jesus é um gesto de amor, e é preciso responder a esse gesto, igualmente, com amor e prontidão.

## *Jesus é nossa esperança*

Às vezes acontece de sentirmos um grande desânimo: nada vai bem e somos cercados por uma grande escuridão. Não aparece nem um raio de luz, e temos uma grande vontade de chorar... O desânimo é completo. Então, Jesus vem ao nosso encontro e nos recorda o que ele, um dia, falou aos Apóstolos: "No mundo tereis aflições, mas tende coragem! Eu venci o mundo" (Jo 16,33), e ainda: "Eis que eu estou convosco todos os dias, até o fim dos tempos" (Mt 28,20). Com Jesus ao nosso lado, a vitória é certa. Jesus também passou por momentos difíceis. Ele se sentiu abandonado pelo Pai, mas logo entendeu que aquela era a vontade dele e a aceitou. Cumprindo a vontade do Pai, ele salvou o mundo. Se aceitarmos as nossas provações como Jesus, unidos a ele, também venceremos o mundo. É bom lembrar que, mesmo quando temos aquela boa vontade de nos empenhar com firmeza na atividade apostólica, o demônio tenta de tudo para se opor e nos desanimar. Ele é o mentiroso que quer abafar em nós a luz do Evangelho. É a luta da luz contra as trevas, da verdade contra a mentira. Nossa confiança em Jesus tem de ser firme para nos abandonarmos, totalmente, na aceitação de que se cumpra em nós a sua vontade. Então a luz voltará com grande serenidade de espírito e com a consolação de termos superado mais um obstáculo no caminho rumo à santidade.

## *"Prestai atenção!"*

Além de uma vida em contínua oração, muitas vezes, o Senhor exige sacrifícios e renúncias – físicos ou espirituais – para uma profunda purificação e para uma maior aproximação com Deus. Por meio das provações, o Senhor quer nos ajudar para que cresçamos na fé e, também, para que manifestemos o nosso amor a ele, sempre novo e genuíno. Às vezes, as provações são tão fortes e violentas que arrancam gemidos e lágrimas, mas os pensamentos permanecem em Deus e na sua infinita misericórdia. Os caminhos que Deus estabelece para a nossa santificação são sempre diferentes daqueles que gostaríamos de projetar. Portanto, é bom que nos coloquemos nas mãos de Deus e o deixemos fazer o seu projeto. Ele é Deus e sabe, com certeza, qual é o plano mais seguro que conduz à realização da meta. "Confia no Senhor que cuidará de ti; segue um caminho e espera nele" (Sr 2,6). É Deus quem arquiteta para nós o caminho reto que conduz à santidade: ou vamos por ele ou a santidade será somente um sonho. Às vezes, o caminho estabelecido por Deus é doloroso, estreito, cheio de entraves. Aceitá-lo é a decisão certa, pois esse é o caminho para a Vida. Os sofrimentos são provas que o Senhor permite, não para atormentar, mas para purificar. É bom nesses momentos, em que somos atingidos pela dor, olhar o crucifixo e compreender o quanto é necessário participar dos sofrimentos de Jesus pela própria salvação e pela salvação do mundo. É bom também refletir o que São Paulo nos diz na Carta aos Romanos: "Os sofrimentos do tempo presente não têm proporção com a glória futura que vai se revelar em nós" (Rm 8,18).

## Peçamos perdão!

Lamentamos muito a situação negativa do mundo de hoje. A sociedade parece enlouquecida, com tanta violência, com tanta desordem moral, com tanto egoísmo, ódio e, por fim, com tantas guerras. Será que não somos também os corresponsáveis por tudo isso? Não será por causa dos nossos pecados, do nosso amor-próprio, do nosso egoísmo e da nossa superficialidade? É hora de reconhecer, com profunda humildade, a nossa parte de responsabilidade, e dirigir ao Senhor o nosso pedido de perdão, mas com a máxima confiança na sua Divina Misericórdia. Quando pecamos, colocamos lenha no fogo da maldade comum. Quando reconhecemos o nosso erro, emendamo-nos e pedimos perdão, é o mesmo Deus que vai apagando o fogo da maldade, amansando o ardor da violência, do ódio, das rivalidades. É o mesmo Deus que vai mudando os corações mais duros, tornando-os mais dóceis, mais flexíveis, mais fraternos. Nunca podemos duvidar do coração amoroso e misericordioso de Deus.

## *Fomos enxertados em Cristo*

Por meio do Batismo, fomos enxertados em Cristo e formamos com ele uma única realidade. Isso exige a morte definitiva ao pecado; o pecado não deve mais dominar sobre nós. O pecado desonra Cristo e contraria o Espírito que está em nós. Em um mundo cheio de hipocrisia, de mentiras e de falsos profetas, só Jesus é Mestre da verdade e só o seu exemplo e o seu ensinamento podem transformar a sociedade, como transformou a água em vinho nas bodas de Caná (cf. Jo 2,1-11). O ensinamento de Jesus é tão importante e tão essencial que conhecê-lo ou ignorá-lo, aceitá-lo ou rejeitá-lo é questão de vida ou morte. A doutrina de Jesus não é facultativa: sem praticá-la, não podemos chegar à vida eterna. Jesus garantiu mediante palavras e gestos a veracidade da sua doutrina. Se queremos alcançar a santidade, não existe outro caminho senão aquele traçado por Jesus: amar Jesus com um grande amor, obedecendo a sua vontade. Jesus nos revela o Pai e no seu ensinamento está sempre presente a figura do Pai. Tudo que na nossa vida é obrigação, deve ser realizado com o olhar do Pai e pela sua glória, também nas coisas mais secretas. "A vida eterna consiste em que conheçam a ti, verdadeiro e único Deus" (Jo 17,3). Jesus é a revelação do Pai: "Quem me vê, vê também o Pai... Não credes que eu estou no Pai e que o Pai está em mim?" (Jo 14,9-10). Jesus revela a misericórdia infinita e a providência paterna de Deus, que trata os homens como filhos.

## "Amarás o teu próximo como a ti mesmo"

*"Amarás o Senhor com todo o teu coração, com toda a tua alma, com todas as tuas forças, com toda a tua inteligência; e a teu próximo como a ti mesmo" (Lc 10,27).*

O amor que temos de cultivar para com Deus não deve nos isentar do amor que temos de manifestar ao próximo, participando dos seus sofrimentos, das suas preocupações...

## Quem mortifica a carne alimenta o espírito

*"Eu vos propus vida e a morte, a bênção e a maldição. Escolhe a vida, para que vivas, tu e a tua posteridade, amando o Senhor, teu Deus, escutando a sua voz e apegando-te a ele" (Dt 30,19-20).*

São Leão Magno considerava que era "inútil subtrair ao corpo o alimento, se não se afasta do espírito o pecado". Portanto, além do jejum do corpo, precisamos jejuar com todos os sentidos:

1) Jejuar com os olhos: não consumir pornografia nem olhar para as pessoas com malícia, com inveja.
2) Jejuar com a língua: não falar mal dos outros, não criticar, não dizer coisas indecentes.
3) Jejuar com os ouvidos: não participar de conversas levianas, não ouvir músicas maliciosas, nem discursos pecaminosos...
   Este é o verdadeiro jejum que alimenta o espírito e nos ajuda no caminho da purificação e da santidade.

## A porta estreita é o amor

Jesus nunca prometeu comodidades, sossego e prosperidade aos seus discípulos e seguidores, mas só lutas e sacrifícios, perseguições e vida eterna. "Se alguém quer me seguir, renuncie a si mesmo, tome a sua cruz e siga-me" (Mt 16,24). Só entrará na porta estreita quem tiver vivido o exemplo de Jesus e os seus ensinamentos. Nem adianta "reclamar direitos", dizendo que foi batizado, fez a primeira comunhão ou participava todos os dias da Santa Missa, ouvindo as leituras e recebendo a Eucaristia. "Nunca vos conheci! Afastai-vos de mim, vós que praticais a iniquidade!" (Mt 7,23). Só entra pela porta estreita quem tiver agido com justiça, dando a Deus a devida honra e adoração, amando-o com todo o sentimento, com todas as forças, e amando o próximo como a si mesmo. Esses são os deveres de justiça a que alude Jesus. Quem não pratica esses deveres, não pode entrar pela porta estreita. Será excluído da participação da vida eterna. Jesus quer uma verdadeira conversão, que se manifesta no comportamento prático da vida, pois ele ensina que, para entrar no Reino dos céus, é preciso fazer a vontade do Pai.

## A ação de Deus em nós

Na caminhada de perfeição que nos aproxima de Deus, a alma é revestida da luz divina que penetra em seu coração e vai iluminando todos os seus cantos mais recônditos. Mediante essa iluminação, vamos percebendo que ainda há tantas impurezas que não permitem um total e autêntico amor para com o nosso Deus. Por isso, a alma sofre pela indignidade de não ter tido a coragem de separar-se totalmente das coisas superficiais e levianas do mundo. Esse dissabor é causado pela ação da presença amorosa de Deus, que quer nos libertar das pequenas misérias que ainda deturpam o íntimo de nossa alma. Enquanto a alma goza a presença amorosa de Deus e se deleita por essa união, o próprio Senhor permite que ela sofra e se entristeça, por constatar que ainda existe alguma sujeira para eliminar. É o fogo do amor de Deus, que quer uma purificação da alma que o procura e quer resplandecer nela a sua divina luz. Entendemos que toda ação purificadora exige empenho, trabalhos, sofrimentos. Não é fácil eliminar escórias encardidas, como o passar do tempo ou certos costumes adquiridos ao longo dos anos. Mas é sempre o mesmo Senhor quem permite que a pessoa sinta certo tormento por não ter conseguido libertar-se completamente de alguns apegos às coisas do mundo; trata-se daquele desconforto por não amar com amor sincero, total, que o Senhor merece e exige. É salutar, chegando a esse estágio, invocar o Divino Espírito Santo para que, com o fogo do seu amor, mediante os seus dons, queime, purifique e liberte a alma desse tormento interior.

## A presença de Deus

*"Não sabeis que sois o templo de Deus
e que o Espírito de Deus habita em vós?" (1Cor 3,16).*

Uma coisa maravilhosa que só Deus pode realizar: fazer da nossa alma, da nossa pessoa, a sua habitação. "Se alguém me ama, guardará minha palavra, meu Pai o amará, nós viremos a ele e nele estabeleceremos nossa morada" (Jo 14,23). Se Deus está em nós, por que muitas vezes não sentimos essa presença? Ora, porque a nossa mente e a nossa vontade estão presas, distraídas e amarradas em tantas outras coisas superficiais. Então, precisamos de um profundo recolhimento para focar a nossa mente exclusivamente em Deus e descobri-lo, escondido no fundo do nosso coração. Precisamos desapegar-nos de tudo, como se o resto não existisse, e concentrar toda a nossa atenção em Deus, que se manifesta e nos faz sentir toda a sua presença amorosa. É preciso sempre dialogar com Deus, adorando-o, agradecendo-o e saboreando a sua companhia.

### Toda a nossa vida deve ser um hino de louvor

Toda a criação é um hino de louvor ao Altíssimo Senhor. Todos os mistérios que celebramos da vida do Verbo Encarnado nos falam da glória de Deus. Por isso, os anjos, no nascimento de Jesus, cantam: "Glória a Deus no mais alto dos céus" (Lc 2,14). Também nós nos unimos a esse coro e damos glória a Deus em nossas celebrações e encontros de oração, com nossos hinos de louvor; quando nos recolhemos em oração, seja comunitária, seja pessoal, a primeira coisa que devemos fazer é dar glória a Deus e agradecê-lo pelos benefícios que ele nos concede. Muitas vezes, atingidos por problemas de saúde ou no trabalho, temos muitas preocupações, e as nossas orações consistem só em pedir ao Senhor que venha ao nosso encontro para nos libertar. Por vezes nos esquecemos de glorificá-lo. Toda a nossa vida deve ser um hino de louvor: com nosso comportamento, nossas atividades, trabalho, estudo, lazer... Em tudo devemos dar glória a Deus, também nas dores, tristezas e sofrimentos, uma vez que esses são permitidos por Deus como meios de purificação e de salvação.

### O mundo precisa de paz

Mas essa paz estará longe enquanto a humanidade não se reconciliar com Deus. Jesus se encarnou, veio no meio de nós para realizar essa reconciliação. Ele nos ensinou qual é o caminho para alcançá-la. Na noite do seu nascimento, os anjos apareceram aos pastores e anunciaram: "Glória a Deus no mais alto dos céus e paz na terra aos homens por ele amados" (Lc 2,14). O convite à paz foi feito, agora é preciso que os homens se empenhem seriamente em viver conforme o ensinamento de Jesus. O primeiro passo é abrir-se à graça de Deus, eliminando o pecado mediante uma sincera conversão e vivendo o ensinamento de Jesus que nos diz: "Que vos ameis uns aos outros, assim como eu vos tenho amado" (Jo 13,34). Demonstra-se boa vontade quando existe na pessoa um verdadeiro desejo de eliminar todos os obstáculos que a impedem de alcançar a paz – como o ódio, a inveja, a ganância, a revolta, a vingança – e de buscar o que a favorece, como a humildade, a generosidade, a docilidade, a retidão, a boa vontade e, sobretudo, a disposição em fazer a vontade de Deus.

## Jesus vai à procura dos pecadores

*"Este homem acolhe pessoas de má vida
e come com elas" (Lc 15,2).*

Essa foi a acusação dos fariseus contra Jesus e foi também a motivação que levou Jesus a ser condenado à morte. Jesus disse: "Ninguém tira a vida de mim; mas eu a dou por minha própria vontade" (Jo 10,18); então, era preciso que Jesus encarasse o pecado, indo ao encontro dos pecadores, para iluminá-los e ajudá-los a libertar-se do pecado. Ele é o Bom Pastor que vai à procura das ovelhas perdidas, para reconduzi-las ao redil, para reconduzi-las à intimidade de Deus. É o amor de Deus que não quer a perda do pecador, mas que este se salve e viva. Esse comportamento de Jesus causava inveja nos mestres da lei e fariseus, que se consideravam puros e justos. Por isso Jesus lhes conta a parábola do filho pródigo (cf. Lc 15,11-32). Essa parábola é realmente uma pérola preciosa, uma página maravilhosa do Evangelho de São Lucas. O filho mais novo, depois de obter a herança do pai, entregou-se a uma vida de pecado, de impureza, de luxúria, gastando todos os seus bens. Finalmente caindo em si e desgostoso pela vida que estava levando, decidiu voltar para a casa paterna e pedir o perdão do pai. E o pai, que o estava esperando, abraçou-o, cobriu-o de beijos e fez uma grande festa. É por isso que Jesus vai à procura dos pecadores, para que deixem a vida do pecado – que leva à morte – e voltem a viver a vida da graça, a união com Deus e a vida eterna. Quantas vezes nós também fizemos essa experiência: sentimos o peso do pecado, ouvimos o chamado de Jesus e voltamos para ele, e uma grande paz, uma grande serenidade, invadiu a nossa pessoa. É a vida nova que Jesus nos infundiu.

## *O itinerário para a vida eterna*

Jesus, dirigindo-se aos seus discípulos, diz: "Não se perturbe o vosso coração! Há muitos lugares na casa de meu Pai... Vou preparar um lugar para vós. E, depois que eu for e vos tiver preparado o lugar, virei outra vez e vos levarei comigo. Assim, onde eu estiver, vós estareis também" (Jo 14,1-3). Este lindo anúncio de Jesus não tem igual, pela alegria, pela felicidade que infunde no nosso coração. Já nos imaginamos no céu, contemplando a majestade da Santíssima Trindade, o esplendor de Nossa Senhora e a imensidade dos anjos e dos santos que rodeiam o trono do Altíssimo, cantando Hosanas. Jesus só exige uma coisa: que acreditemos no Pai e acreditemos também nele. Sempre lembrando que acreditar é cumprir a vontade de Deus, é viver uma vida seguindo o ensinamento e o exemplo de Jesus; viver uma vida praticando as virtudes, viver uma vida santa. O itinerário que nos conduz à vida eterna é o próprio Jesus: "Eu sou o caminho, a verdade e a vida. Ninguém vai ao Pai senão por mim" (Jo 14,6). Podemos imaginar a felicidade dos Apóstolos ouvindo estas palavras, saindo da boca do próprio Jesus. Foram essas palavras que os sustentaram no duro caminho da evangelização, até terem força de dar a vida pelo Evangelho, pela verdade.

*Súplica: Sim, Jesus, acredito profundamente que só tu és a luz que ilumina os meus passos e me dá a certeza e a garantia de possuir, um dia, a vida eterna.*

## O nosso dever é agradar o Senhor

Ter recebido o convite de Deus, que nos chama à santidade, é motivo de grande alegria. Ter aceitado esse convite, querendo dar a nossa resposta de adesão, é grande satisfação, pois tudo isso agrada muito ao Senhor. E o nosso dever é agradar o Senhor. Essa resposta nos torna semelhantes a Jesus, que sempre fez a vontade do Pai. O cristão torna-se santo à medida que conforma a sua vida à de Cristo. Seguir Jesus é tê-lo como modelo de vida, é aceitar os seus ensinamentos e seguir o seu exemplo. Sabemos que temos um corpo sujeito a tantas provações e entendemos que o caminho do Senhor é caminho de cruz. Querer ser como Jesus e alcançar a santidade requer muito empenho; é preciso saber aceitar todas as cruzes que a vida nos reserva como meios de expiação pelos nossos pecados. Dessa maneira, o Espírito Santo nos conduz para uma vida perfeita. Ele vem ao nosso encontro com o dom da fortaleza, para nos infundir coragem de seguirmos em frente.

## A paz vem de Deus

*"Eu vos deixo a paz; dou-vos minha paz.
Eu vo-la dou, não com a dá o mundo"* (Jo 14,27).

Paz é uma palavra extraordinária no seu significado. Todos gostaríamos de viver em paz, ter sossego, mais tranquilidade... Infelizmente nos encontramos em meio a guerras e violências. Guerra entre as nações, nas famílias, com os vizinhos, no local de trabalho e até dentro de nós, na própria consciência. Mas por que desejamos essa paz e não conseguimos encontrá-la? Sempre temos medo e inseguranças... Qual é a paz que pode tornar a nossa vida feliz, que pode tornar os nossos dias mais alegres? O mundo não pode dar a paz, e a paz que ele apresenta é efêmera. Um dia de trégua para depois reiniciar os conflitos. Jesus nos promete uma paz verdadeira, diferente... Ele mesmo disse que a paz que ele nos dá não se pode comparar com a paz do mundo e dos homens. A paz que ele nos dá atinge nossa consciência. É a paz de uma consciência pura, de uma pessoa que, animada pela fé e vivendo no temor de Deus, vive na observância dos mandamentos de Deus. É a paz que brota de uma consciência sempre disposta ao cumprimento da vontade de Deus. É a paz que podemos experimentar quando praticamos a caridade com o próximo, quando nos sentimos dispostos a colaborar pelo bem comum, quando sabemos perdoar quem nos ofende, quando sabemos dar o abraço da reconciliação e do perdão a quem nos ofendeu. Essa é a paz de Jesus: quando a pessoa, cumprindo a vontade de Deus, acolhe o Senhor no seu íntimo e se torna morada de Deus; quando possui a sua graça no coração.

## *A perseverança no seguimento de Jesus*

O seguimento de Jesus exige decisão firme e perseverante. Sentir ocasionalmente interesse por Jesus é sentimentalismo que não leva a nada; é atitude inconstante, própria de uma pessoa superficial, que age sem nenhum compromisso. O amor a Jesus ou é firme ou não é amor. A pessoa que age conscientemente nesse alternar de sentimentos nunca chegará a sentir a presença de Deus em si e nunca irá alcançar a intimidade divina, própria de almas enamoradas de Jesus. A pessoa que quer seriamente trilhar o caminho da santidade não pode agir com superficialidade, porque facilmente pode incorrer em infidelidade, afastar-se de Deus e comprometer a sua eterna salvação. Por isso, Jesus nos exorta a rezar para alcançarmos aquele estado de perfeição que nos aproxima mais de Deus. Sendo assim, quando uma pessoa se entrega à oração, deve ser perseverante, tanto nos momentos de grande fervor como nos de apatia e de indolência espiritual. O verdadeiro cristão não se deixa levar pelos sentimentos, mas age com inteligência, cumprindo os seus deveres mesmo quando não tem vontade de nada. Viver seriamente a vida cristã requer empenho, sacrifício e renúncias. A pessoa que estiver atravessando um período de aridez precisa se empenhar para rezar e cumprir os seus deveres religiosos, mesmo que não tenha vontade nenhuma. O importante é cumprir a vontade de Deus.

# 12

# Espiritualidade sacramental

### *Os sacramentos nos aproximam de Deus*

Os sacramentos são os meios, os veículos, por meio dos quais Deus nos comunica a sua vida. São sinais eficazes da graça que nos acompanham ao longo de toda vida, mediante o ministério da Igreja. Quanto mais nos aproximamos dos sacramentos, com fé, mais graça recebemos. São atos vitais que nos põem em relação vital com Cristo. Juntamente com a oração, com a Palavra de Deus, com os sacrifícios, os sacramentos são os meios mais eficazes para realizarmos a nossa santificação. Jesus os instituiu para nos acompanhar ao longo de toda a nossa vida. A vida sacramental consiste em receber, assimilar e viver os sacramentos para realizar a nossa santificação na união cada vez mais íntima com Deus. No momento do Batismo assumimos dois compromissos: primeiro, renunciar ao pecado; segundo, viver firmemente a nossa vida de fé em Deus e na Igreja. Somos coerentes com esses compromissos? Procuremos renová-los todos os dias para dar uma resposta positiva a Jesus, que nos convida à santidade.

Pétalas de rosa

## A comunhão espiritual

Realizada a total purificação e tirando os resíduos pecaminosos escondidos nos cantos mais remotos da consciência, o cristão sente uma grande alegria. Ao mesmo tempo sente que, a partir de agora, não vai medir mais esforços para agradar ao Senhor; tudo se torna mais leve, e também aqueles deveres e obrigações mais exigentes e mais doloridos. Só lhe interessa dominar sua vontade, agradando mais e mais o seu Senhor, que lhe proporciona imensa felicidade. A total presença do Senhor na alma a atrai continuamente, realizando aquela comunhão que nada nem ninguém poderá dissolver. É o fogo do amor que envolve a pessoa, a tal ponto que ela só sente o desejo de alimentar esse fogo, mediante continuados gestos de amor. O interessante é que agora se cria uma dupla atração: Deus atrai a alma e a alma atrai a Deus. Deus se interessa em santificar a alma comunicando-lhe seus dons, e a alma tem o interesse de agradar ao seu Senhor com repetidos atos de amor e de fidelidade, no cumprimento de sua vontade. Essa ação de Deus, esse fogo do seu divino amor, além de purificar, fortalece a alma, tornando-a capaz de gestos heroicos, como acontece com os mártires. Agora, porém, enquanto estamos neste mundo passíveis de tentações, iluminados pelos dons do Espírito Santo, urge continuarmos nesse conúbio, nessa união com Deus, solidificando-a sempre mais, para não dar ao tentador chances de nos desviar do caminho de Deus.

## Batismo

Nós também, estando sempre unidos a Jesus, seremos vitoriosos e poderemos gritar com São Paulo: "Tudo posso naquele que me torna forte" (Fl 4,13). No Batismo, recebemos o Espírito Santo, e, desde esse momento, este inicia a obra da nossa santificação, apagando o pecado original, comunicando-nos a graça de Deus, tornando-nos morada da Santíssima Trindade e assumindo-nos como filhos adotivos. No Batismo, com a graça santificante, foi-nos comunicada também a virtude da esperança. É pela esperança que lutamos para alcançar a definitiva liberdade, a Redenção total. Experimentamos também, nessa caminhada, quanto é grande a nossa fraqueza, o quanto somos limitados. Sentimos necessidade de que o Espírito Santo venha ao nosso encontro com o dom da fortaleza... Eis então a voz de Jesus que nos exorta: "Pedi e recebereis, procurai e achareis, batei na porta e ela se abrirá" (Mt 7,7); "Se pedirdes alguma coisa a meu Pai em meu nome, ele vos dará" (Jo 16,23). Esse é o caminho certo para que a Redenção de Jesus se complete em nós...

O Batismo é o sacramento que, por vontade de Cristo, tem o poder de dar à pessoa uma nova vida. Cancela o pecado e instila nela as sementes da fé, da esperança e da caridade. Reabre as portas do Paraíso e é um constante convite a dirigir para Deus toda a atenção. Comunica a graça de Deus, mas, assim como os outros sacramentos, não é garantia de vida eterna, tendo em vista que não anulam a liberdade humana. Se a pessoa não põe todo o seu esforço para torná-los eficazes, em uma dura luta contra todo tipo de tentação para pecar, de nada adianta. O Batismo dá a graça de Deus, mas não confirma o estado de graça; tira o pecado, mas a natureza humana permanece com a sua fragilidade. Portanto, toda pessoa tem de sustentar a dura luta contra os atrativos do mal, para poder adentrar as portas da eternidade feliz.

## Crisma

No sacramento da Crisma é confirmada e selada a nossa filiação adotiva, e podemos nos dirigir a Deus chamando-o de Pai. A ação do Espírito Santo não se limita só ao Batismo e à Crisma, mas age também por meio dos outros sacramentos e sacramentais. Onde age Cristo, age também o Espírito Santo, de modo que toda a vida do cristão é envolvida numa contínua ação do Espírito Santo. É este o Espírito da vida, que comunica os sete dons, que nos ajudam a compreendermos qual é a vontade de Deus e nos dão a força para obedecê-la. Pelo sacramento da Crisma somos projetados no mundo, testemunhando com a nossa vida, o nosso comportamento, a fé pela qual acreditamos. A Crisma é o sacramento da autenticidade, da sinceridade, da luminosidade de nossa vida. Atrairemos mais pessoas ao seguimento de Jesus dando exemplo, testemunhando o Evangelho com as nossas obras, com franqueza e com coragem. A Crisma é o sacramento da maturidade, que nos torna capazes de testemunhar com heroísmo e sem medo a nossa fé, o nosso amor a Jesus Cristo. No sacramento da Crisma é o Espírito Santo que irrompe com força na nossa vida, comunicando-nos os sete dons: sabedoria, inteligência, conselho, ciência, fortaleza, piedade e o temor de Deus, capazes de mudar radicalmente a nossa vida, quando acolhidos com devoção e com o coração bem-disposto. Ninguém se salva sozinho. Pelo Batismo e pela Crisma somos inseridos em um Corpo Místico que se chama Igreja ou Povo de Deus. Todos somos chamados à santidade, todos temos o mesmo destino, todos temos de percorrer a mesma estrada; então, é bom, é útil e eficaz apertarmos as mãos uns dos outros com espírito de solidariedade e ir para a frente, rumo à vida eterna. O Espírito do Senhor, que é Espírito de Amor, estará conosco para facilitar a nossa caminhada e torná-la mais alegre.

## A Eucaristia e a Santa Missa

"Eu sou o pão vivo descido do céu. Quem comer deste pão viverá eternamente... Quem come minha carne e bebe meu sangue, permanece em mim, e eu nele" (Jo 6,51.56). Diante da Eucaristia, precisamos ter uma grande fé na presença real de Jesus, para que produza frutos de vida eterna. Como os Apóstolos, temos de pedir: "Senhor, aumenta-nos a fé!" (Lc 17,5). A fé é dom de Deus, por isso é bom pedir a Deus que nos atraia, e, quanto mais nos sentirmos atraídos, mais crescerá a fé e também se consolidará a nossa união com Jesus e o desejo de estar com ele. Assim daremos mais valor à Santa Missa e prolongaremos o tempo de adoração diante do tabernáculo, lugar onde se guarda a Eucaristia.

"Fazei isto em minha memória" (Lc 22,19). A Santa Missa renova e atualiza o Sacrifício da cruz para reparar os nossos pecados e, ao mesmo tempo, é o sacramento com que Jesus se dá em alimento para nos fortalecer no caminho de perfeição e de santificação. Por isso, a Eucaristia é a ação litúrgica mais importante da nossa vida cristã. Quando o sacerdote eleva a patena com a hóstia e o cálice com o vinho consagrados, para oferecê-los ao Pai, os fiéis oferecem a própria vida: as orações, o trabalho, os deveres do próprio estado, os sofrimentos, as contrariedades... Tudo isso se torna hóstia espiritual oferecida ao Pai.

Jesus veio a este mundo, no meio de nós, como expressão do amor infinito que Deus tem para conosco. Esse amor não se limitou ao nascimento de Jesus, nem a sua presença escondida durante trinta anos nesta vida terrena, que culminou com a cruz. Jesus quis prolongar sua presença até o fim dos tempos pela instituição da Eucaristia. Jesus está presente no meio de nós nos sacramentos, na Igreja, na Palavra, na Liturgia; porém, é sempre uma presença real e espiritual. Na Eucaristia, sua presença é também corporal. Jesus está presente na Eucaristia com toda sua humanidade e divindade. Diante da Eucaristia, devemos estar sempre com atitude de grande fé, acreditando nas palavras de Jesus. Na Eucaristia se esconde tanto a humanidade quanto a divindade de Jesus. Ele está presente para ser nosso alimento, quando o recebemos na comunhão, mas fica, também, escondido e silencioso no tabernáculo ou exposto no ostensório, esperando as nossas visitas para adorá-lo, agradecê-lo e apresentar-lhe nossos problemas, angústias e preocupações. Jesus continua convidando-nos a ir até ele. "Vinde a mim vós todos que estais oprimidos de trabalhos e sobrecarregados, e eu vos aliviarei" (Mt 11,28).

Volto a repetir que, diante do mistério da Eucaristia, precisamos ter uma grande fé. Fé nas palavras de Jesus, que disse: "Tomai e comei, isto é o meu corpo"; "Tomai e bebei, este é o cálice do meu sangue" (cf. Lc 22,19-20; 1Cor 11,23-26). Acreditar nas palavras de Jesus basta, pois os sentidos nada dizem. Pelos sentidos, o pão é pão antes e depois da consagração; também o vinho é vinho antes e depois da consagração. Diante dos judeus, que ficaram incrédulos quando Jesus prometeu a Eucaristia, temos de responder como São Pedro: "Só tu tens palavras de vida eterna" (cf. Jo 6,68), e ficar com o coração palpitante de amor e de gratidão, diante desse grandioso Mistério. Certa vez Jesus falou: "Ninguém pode vir a mim se o Pai que me enviou não o atrair" (Jo 6,44). Diante da Eucaristia, precisamos ter essa atração que só vem de Deus e que podemos solicitar com a nossa oração. É atribuída a Santo Agostinho a seguinte frase: "Não te sentes atraído? Pede a Deus que te atraia". A fé na Eucaristia deve nos levar a frequentar com assiduidade a Santa Missa e a visitar com frequência o Santíssimo Sacramento, também de forma silenciosa e privada. Com a ajuda que vem de Deus, exige-se também o nosso empenho, a nossa colaboração e o nosso esforço. A Eucaristia é o sacramento nascido do Coração de Jesus, como manifestação do seu infinito amor pela humanidade. É também o sacramento do amor, porque se difunde no coração de todos aqueles que a recebem com fé e profunda devoção; aqueles que possuem a capacidade de "eucaristizar" as pessoas, para que elas façam o bem aos outros. Jesus é a nossa Eucaristia e nós somos chamados a ser Eucaristia para as outras pessoas. Ele alimenta a nossa vida espiritual e nós, repletos do amor de Deus, alimentamos os que têm fome de pão, de comida, ajudando os necessitados. Esse é o amor que a Eucaristia nos comunica: a solidariedade e a comunhão recíproca. Desde o início da Igreja, a Eucaristia sempre foi considerada o símbolo de união dos cristãos. Se todos nos alimentamos do mesmo pão, que é Cristo e, com Cristo, formamos uma unidade espiritual, certamente entre nós (que comungamos o mesmo Cristo), formamos uma unidade que se chama "Corpo Místico". A Eucaristia confirma e reforça a unidade dos fiéis já iniciada no Batismo. Quanto mais cultuamos a Eucaristia, mais se acentua a unidade entre nós. A Eucaristia é o elemento unificante da Igreja. Seria um verdadeiro absurdo pensar que as pessoas que se aproximam da mesma mesa, depois, estejam divididas entre si... Na Eucaristia, Jesus amou o mundo até o fim. Na Eucaristia, Jesus está sempre presente no meio de nós. Como correspondo a esse divino amor? Agradeço? Participo das missas, considerando a Missa como centro de toda a vida cristã? Pela Eucaristia vem a força da Redenção. A Eucaristia é o centro da Unidade.

## *Penitência*

Fomos criados para conhecer, amar e servir a Deus, para estar com ele no Paraíso. No Batismo fomos purificados do pecado e introduzidos na família de Deus. Mas, apesar de tudo isso, ficamos com a nossa fraqueza, que muitas vezes nos seduz pelo chamado do mundo, do demônio, das paixões, e nos faz cair no pecado. Jesus sabia disso; por isso, no dia de Páscoa, aparecendo aos Apóstolos no cenáculo, os cumprimentou e, depois de comunicar o Espírito Santo, disse: "A quem perdoardes os pecados, serão perdoados; aqueles a quem retiverdes, serão retidos" (Jo 20,23). Com estas palavras, deu à Igreja, nas pessoas dos Apóstolos e dos sacerdotes, o poder de perdoar os pecados e instituiu o sacramento da Penitência. Foi o presente de Páscoa com que Jesus, na sua infinita misericórdia, veio ao encontro da nossa fragilidade. Portanto, Confissão, Penitência ou Reconciliação são os nomes que indicam o sacramento do perdão, da reconciliação com Deus. Importante é que a pessoa que confessa esteja arrependida dos pecados cometidos e disposta a se corrigir. Caríssimos, nunca terminaremos de agradecer ao Senhor pela sua infinita bondade, pois ele está sempre de braços abertos para nos acolher! Amemos o Senhor, esforcemo-nos para cumprir sempre e com alegria a sua divina vontade! O pecado é uma ofensa feita a Deus e uma resistência ao seu amor. É uma ingratidão aos seus benefícios e um desprezo para com a sua divina vontade. Mas temos de lembrar também que o pecado tem graves consequências sociais, porque, uma vez que somos membros do Corpo Místico de Cristo, e parte integrante desse organismo, o "mal" de um membro influi e causa mal-estar em todo o corpo. Assim sendo, o pecador que se aproxima do sacramento da Penitência se reconcilia com Deus e a Igreja, que também foi ferida pelo seu pecado. Além da Penitência como sacramento que perdoa os pecados, existe ainda a penitência como virtude, que leva a pessoa a reparar as próprias culpas por meio de obras espirituais. E estas não se referem só a uma penitência interior e espiritual, mas também a obras exteriores e corporais. Jesus, para nos ensinar, quis aceitar o sofrimento da sua paixão para expiar os nossos pecados. Desse modo, a penitência deve ser também corporal: aceitação das dores que aparecem no nosso corpo, o jejum, o cansaço no trabalho manual, visitas aos doentes, ajudar os outros, a mortificação quanto à comida... Alguns santos administraram duras penitências a si mesmos, para dominar o impulso da carne e para expiar os próprios pecados e os dos outros. A penitência liberta o homem do peso do pecado para que ele corra livre e imediatamente ao encontro do Senhor. Os atos de penitência corporal são sinais claros do desejo de uma sincera conversão. O cristão, verdadeiro seguidor de Jesus, tem de ser diferente dos pecadores. Enquanto estes alimentam ódio, invejas, violências, espírito de vingança, adultérios, injustiças etc., nós, que nos propomos seguir a Jesus, ao contrário, temos de promover a paz e cultivar um grande amor para com todos, não excluindo os inimigos, isto é, aquelas pessoas que nos prejudicam ou mesmo que consideramos antipáticas ou chatas; da mesma forma, assim como Jesus, não devemos excluir os pecadores. Desse modo, associados pelo Batismo a Cristo Jesus, Rei do universo, não podemos nos deixar dominar pelas coisas, mas sim dominá-las; não podemos nos tornar escravos, mas sim reconhecer que Jesus é o soberano, é ele quem organiza e se serve das coisas para construir o Reino de Deus. O pecado é também uma ofensa a Deus, um ato de desobediência aos seus mandamentos e um gesto de orgulho, por não se reconhecer a autoridade dele. O pecado é coisa séria: basta pensar que, por causa de um só pecado, Adão e Eva foram expulsos do Paraíso e sujeitos ao sofrimento e à morte. Basta pensar ainda que Jesus, para reparar as consequências do pecado, entregou-se à dolorosíssima morte na cruz.

Temos de manifestar o nosso amor a Deus obedecendo à sua vontade, observando os seus mandamentos. Assim, reconciliados pelo amor, Deus transforma a nossa vida em sua morada, e é esta a graça de Deus. Quando a pessoa peca conscientemente, tem um poder maléfico de expulsar Deus da sua vida e de cortar todas as relações de amizade com ele. É uma situação de morte, de solidão... É um colocar-se no perigo de se perder eternamente, de não saber se terá tempo de pedir perdão e de reconciliar-se com Deus. Refugiar-se em Deus, abandonar-se nos seus braços, é o único socorro para resistir ao pecado. A oração é a grande força para quem confia em Deus. O pecado é a única e verdadeira desgraça, porque separa o homem de Deus. A vontade de Jesus é que o homem morra completamente para o pecado e viva em plenitude a vida da graça. Quando a pessoa não quer ceder às tentações e libertar-se do pecado, pode invocar o auxílio divino e, certamente, a sua oração será atendida, se esta for acompanhada por um sincero espírito de penitência, de contrição.

A pessoa que, ao ouvir o convite de Jesus, quiser trilhar o caminho de perfeição, tem de ser muito delicada e atenciosa no relacionamento com Deus. Não basta apenas evitar as faltas graves, mas também os pecados veniais, cometidos conscientemente. Embora a pessoa esteja bem adiantada na sua vida de união com Deus, deve sempre ser muito vigilante para não se deixar levar pelas atrações do mundo e pelos apetites da carne. Justamente, São Paulo nos admoesta, dizendo: "Quem pensa estar de pé, cuide em não cair" (1Cor 10,12). O pecado venial não quebra a amizade com Deus, mas a põe em sério perigo, quando cometido com frequência e conscientemente.

Pétalas de rosa

## Ordem

*"Rogai, então, ao dono da lavoura para que mande trabalhadores para a colheita"* (Mt 9,38).

Benditas são aquelas famílias às quais foi concedida a honra de darem a Deus um sacerdote. Benditos os que, com a oração, os sacrifícios e as obras, contribuem para a formação de santos sacerdotes. Os sacerdotes são sempre homens falíveis, capazes de errar, mas isso não os impede de serem os ungidos do Senhor, consagrados para pregar o Evangelho, apascentar os fiéis e celebrar o culto divino.

## Jesus veio para salvar

Todo o Evangelho nos fala do grande amor que Deus tem para conosco. Há páginas de uma beleza única, como, por exemplo, aquela que nos narra sobre a mulher adúltera (cf. Jo 8,1-11). De uma parte, vemos a miséria humana, evidente na mulher pecadora e também na pobreza dos judeus acusadores, juízes severos que exigem a pena de morte para ela. Da outra parte, estão a compreensão e a misericórdia de Jesus, que quer salvar a todos. Jesus claramente declarou que ele não veio para julgar, mas para salvar os pecadores. Ele reconhece o pecado da mulher e a vida pecaminosa que conduz. Embora ele não aprove o pecado, aos acusadores diz uma frase, que se tornaria proverbial, convidando-os a refletir: "Quem de vós estiver sem pecado, atire a primeira pedra", e se curva, escrevendo no chão com o dedo, criando um tempo de silêncio para eles refletirem e reconhecerem a própria miséria de pecadores. Eles também são filhos de Deus e também são chamados à salvação: foi também para eles que Jesus veio a este mundo. Tocados no íntimo, todos vão embora, a começar pelos mais velhos. Jesus fica sozinho com a mulher e lhe pergunta: "Ninguém te condenou?" (Jo 8,10). Da mesma forma, quantas vezes tivemos a oportunidade e a alegria de ouvir, mais ou menos, estas palavras, quando nos aproximamos do sacramento da Confissão? Que refrigério quando ouvimos o sacerdote pronunciar as palavras da absolvição: "Eu te absolvo dos teus pecados, em nome do Pai, do Filho e do Espírito Santo". Nestas palavras, ouvimos o eco do próprio Jesus, que disse à pecadora: "Pois nem eu te condeno. Vai e de agora em diante não tornes a pecar".

Foi realmente um dom precioso que Jesus deu aos Apóstolos e à Igreja, quando apareceu ressuscitado, dizendo: "Recebei o Espírito Santo. Aqueles a quem perdoardes os pecados, serão perdoados; aqueles a quem retiverdes, serão retidos" (Jo 20,23). É a misericórdia infinita de Deus, que se prolonga no tempo, atingindo todos aqueles que, reconhecendo a própria fragilidade e expressando a vontade de uma vida melhor, confessam os próprios pecados e recebem, em nome de Deus, a absolvição, que é a água viva da graça que invade o coração. É a luz de Jesus que faz enxergar tudo de uma maneira renovada. É a vida que floresce novamente onde o pecado tinha provocado a morte. É a ressurreição que abre o caminho para a vida eterna. A confissão sacramental é o remédio contra a tibieza, contra a superficialidade, contra a falta de vontade de viver intensamente os ensinamentos de Jesus... Por isso é louvável, e se recomenda vivamente, aproximar-se da confissão com frequência, porque ela oferece e favorece a verdadeira conversão do coração, nos faz sentir cada vez mais unidos a Cristo, nos estimula o desejo de progredir no caminho das virtudes, nos ajuda a caminhar mais expeditamente no caminho da perfeição e da santidade queridas por Jesus Cristo.

# 13
# Quem é Jesus?

## *A humanidade de Jesus*

Lendo o Evangelho, é comovente refletir sobre a humanidade de Jesus, como ele se relaciona com as pessoas. Jesus assume plenamente a natureza humana, a ponto de identificar-se em tudo conosco, à exceção do pecado. Ainda no meio do povo, deixa-se cercar pelas pessoas, deixa-se tocar, responde às perguntas, compartilha de suas vidas, manifesta amizade, comoção, tristeza, lágrimas e ternura. A todos dirige as suas palavras, dá seus ensinamentos, repreende com energia os profanadores do templo, é duro diante da hipocrisia dos escribas e fariseus, demonstra afeto e ternura para com as crianças, e severidade para com os Apóstolos que querem afastá-las. Ele se compadece diante do sofrimento dos leprosos, dos cegos, do paralítico, da multidão que tem fome e está cansada; diante da viúva que chora a morte do único filho, diante do túmulo do amigo Lázaro. É essa a humanidade de Jesus, que cativa as pessoas e as aproxima cada vez mais dele. Como já acenado, ele andava sempre cercado por uma grande multidão, a tal ponto que Zaqueu, para vê-lo, precisou subir em cima de uma árvore. Esse homem Jesus, diante daqueles que nele acreditavam, manifestava o seu poder divino, ensinando com autoridade e operando milagres.

Pétalas de rosa

## O nome de Jesus

Oito dias depois do nascimento, como determinava a religião dos judeus, o menino Jesus foi circuncidado. Mas quando se tratou de dar um nome ao recém-nascido, não foi preciso discutir qual seria, pois havia sido o próprio Deus quem o dera antes de ele ser concebido. O Anjo falou a Maria: "Conceberás e darás à luz um filho, ao qual porás o nome de Jesus" (Lc 1,31), que quer dizer "Deus salva". De fato, o nome marca toda a missão de Jesus, que veio para salvar a humanidade. São Pedro declarou, depois de curar o paralítico no templo, que "debaixo do céu não foi dado aos homens outro nome pelo qual possamos ser salvos" (At 4,12). Também o próprio Jesus disse: "Se pedirdes alguma coisa a meu Pai em meu nome, ele vos dará" (Jo 16,23). Também São Paulo declarou: "Deus o exaltou grandemente e lhe deu um nome que está acima de todo nome, para que ao nome de Jesus se dobre todo joelho, no céu, na terra e debaixo da terra" (Fl 2,9-10). O nome "Jesus" não é algo abstrato, não é um som que se perde no ar, mas é um nome bem concreto, que indica uma pessoa de altíssima dignidade, que possui a plenitude do poder, de modo que, para ele, nada é impossível. É o nome mais poderoso invocado, que não ilude. Esse nome amado enche o coração de santa delícia; refletindo sobre o seu significado, dá uma sensação de libertação, faz com a pessoa se sinta transformada. É um nome que tem a grande força de comunicar os valores mais altos. Invocado com fé e amor, dá a certeza de conseguirmos, por parte do Pai, todo o bem de que necessitamos.

## Jesus intercede por nós

*"Mas quando chegou a data marcada por Deus, ele, Deus, enviou seu Filho nascido de uma mulher, nascido súdito da lei, para resgatar os súditos da lei, e assim fazer de nós filhos adotivos" (Gl 4,4).*

Passaram-se centenas, milhares de anos, enquanto a humanidade, mergulhada na lama do pecado, tentava se libertar, mas não conseguia. Imolava e sacrificava bezerros, cordeiros, para agradar aos ídolos, mas não conseguia preencher o abismo que o pecado de Adão tinha cavado entre Deus e o homem. Então Cristo disse: "Não quiseste sacrifício nem oferta, mas tu me formaste um corpo. Não te agradaram holocaustos nem os sacrifícios pelos pecados. Então eu disse: eis-me aqui, ó Deus, para fazer a tua vontade" (Hb 10,7). E Jesus se ofereceu em sacrifício para satisfazer a justiça divina ofendida pelo pecado. Ele, enquanto homem e Deus, pôs fim ao abismo que dividia a humanidade e Deus. E o homem se reconciliou com Deus e, novamente, voltou a fazer parte da intimidade dele, podendo dirigir-se a ele chamando-o de Pai. Essa é a mediação operada pelo Cristo. Ele é o único mediador entre Deus e a humanidade. A cruz, com o Crucificado, expressa bem essa mediação de Jesus: "Eu, quando for elevado da terra, atrairei todos a mim" (Jo 12,32). São Paulo, na Carta aos Colossenses, atesta que essa mediação de Jesus foi querida pelo Pai: "Porque foi do agrado de Deus que toda a plenitude habitasse nele, e também, por meio de Cristo, reconciliar consigo tudo o que há, tanto nos céus como na terra, fazendo a paz pelo sangue da sua cruz" (Cl 1,19-20). Jesus é o grande reconciliador, o grande pacificador entre o céu e a terra. Só em Jesus Cristo encontramos a ponte, o caminho que leva à comunhão com Deus e à vida eterna. Em Jesus encontramos a misericórdia e o perdão pelos nossos pecados.

## *Jesus ensina a missão da Igreja*

Mas quem é esse Jesus a quem devemos adorar, glorificar, agradecer e manifestar para com ele todo o nosso amor e nossa confiança? Se a manifestação aos pastores na gruta de Belém e a manifestação aos Reis Magos podem deixar alguma dúvida, no Batismo de Jesus às margens do rio Jordão, tudo se torna muito claro, sem nenhuma sombra de dúvida. A manifestação da sua divindade é evidente, é clara, pela intervenção do Pai, que faz ouvir a sua voz declarando-o seu "Filho amado", e pelo Espírito Santo, que desce em forma de pomba, pairando sobre a cabeça de Jesus. A Santíssima Trindade está toda ela presente nessa teofania. Mas qual é a finalidade dessa manifestação de Deus? É para que acreditemos em Jesus, reconhecendo nele o único Salvador do mundo; é para que coloquemos nele toda a nossa confiança, acreditando na sua morte na cruz como sacrifício e em sua ressurreição pela redenção e libertação da humanidade.

Notamos que aquele mesmo Espírito que esteve presente em sua concepção está presente também no início da sua vida pública, no seu Batismo e em toda a sua ação redentora. Por vontade de Deus, a mesma coisa acontece conosco. No Batismo nascemos para a vida da graça, por intervenção do Espírito Santo, que nos acompanha no desenvolvimento da nossa vida espiritual. Ele também nos torna responsáveis e capazes de colaborar eficazmente no caminho da Igreja, mediante o sacramento da Crisma. Nosso dever para com o Espírito é de agradecê-lo e de invocá-lo, para que infunda em nós os seus sete dons, para a nossa santificação.

### Jesus, nossa vida

Dois são os motivos pelos quais Jesus veio a este mundo: reparar o estrago causado pelo pecado de Adão e ensinar o caminho de volta para a casa paterna, para a união com Deus. O primeiro, ele o realizou com o seu sacrifício, com a sua morte na cruz. O segundo, ele, Mestre da Verdade, realiza com o seu ensinamento e, ao mesmo tempo, pedindo a nossa colaboração. A respeito da salvação, Jesus é o Mestre e não há outro; só ele recebeu a marca do Pai: "Este é meu Filho bem-amado, no qual encontro toda a minha satisfação. Ouvi-o" (Mt 17,5).

Jesus certa vez falou: "Vós me chamais de Mestre e Senhor, e dizeis bem porque realmente eu o sou" (Jo 13,13); e também disse:

"Nem vos intituleis mestres, porque não tendes senão um Mestre" (Mt 23,10). Mas qual é a Verdade que Jesus veio nos ensinar? Ele mesmo é a Verdade. Ele é a Palavra do Pai que se encarnou. "Eu sou o caminho, a verdade e a vida. Ninguém vai ao Pai senão por mim" (Jo 14,6). Ele é a luz, a sabedoria, o esplendor, o Salvador... E, por isso, afirma solenemente: "Eu sou a luz do mundo; quem me segue não caminhará nas trevas, mas terá a luz que conduz à vida" (Jo 8,12). Sem Jesus, a nossa vida estaria nas trevas, na escuridão infernal.

*Súplica: Que a sua luz resplandeça em nós e nos dê a alegria de contemplarmos, um dia, a visão da Divina Majestade!*

### *"Eu sou o caminho..."*

*"Senhor, a quem iremos? Tu tens palavras de vida eterna" (Jo 6,68).*

Neste barulho do mundo, com tantos pregadores de mentiras, com tantos apelos falsos, tantas fake news e promessas vãs e enganadoras que não levam a nada: só Jesus é o caminho certo. Ele, que deu a vida para afirmar a verdade, nos convida a descansar nele, pois ele é o modelo a ser imitado para se alcançar a santidade, o caminho que favorece a realização dessa aspiração. Jesus veio ao mundo para ser um modelo concreto e palpável da perfeição de Deus. Sendo Jesus Deus, ao imitarmos Jesus, estaremos imitando a Deus; praticando as virtudes como Jesus, aproximamo-nos da perfeição de Deus. "Eu sou a porta do redil" (cf. Jo 10,7-9). Precisamos passar por ele para podermos alcançar a perfeição de Deus e viver em sua intimidade. São várias as afirmações de Jesus para nos dizer que ele é o absolutamente necessário para alcançarmos a união com Deus e a vida eterna. Lendo atentamente o Evangelho, percebemos que, para a vida com Deus, temos de viver as mesmas disposições do coração de Cristo. Compreendemos que só Jesus é o caminho da vida eterna.

## Jesus é o modelo mais apropriado

*"Aprendei de mim que sou manso e humilde de coração"* (Mt 11,29).

Jesus nos convida a olhar para ele como referência neste nosso desejo de uma vida sempre mais conforme à vontade de Deus. É próprio da pessoa sábia ter um ponto de referência para coordenar o seu caminhar rumo a uma vida virtuosa. Jesus é o modelo mais apropriado, porque só ele nos dá a certeza de estarmos no caminho justo. São Paulo, desde que conheceu Jesus, quis sempre conformar sua vida à vida do Mestre, procurando tornar-se cada vez mais semelhante a Cristo na prática das virtudes. Por isso, no máximo do seu entusiasmo, pôde gritar: "Eu vivo. Mas não mais eu: Cristo é que vive em mim" (Gl 2,20). A graça é o elemento vital dessa transformação, mas a pessoa só cresce na graça e na vida em Cristo mediante os sacramentos e a prática da caridade. O próprio São Paulo nos admoesta, dizendo: "O pecado não mais reine em vosso corpo mortal" (Rm 6,12). O pecado deve ser, absolutamente, excluído da nossa vida para vivermos na plenitude da graça. O cristão vive a perfeição querida por Jesus quando participa no mistério da morte e ressurreição de Cristo. Vida nova é vida em Cristo.

Todo cristão tem de ser um prolongamento da vida de Cristo, e este é o testemunho que Jesus nos pede. Isso é o que mais influencia as pessoas no momento de se decidir pelo seguimento de Jesus. A vida em Cristo é plenamente vivida quando a pessoa, a exemplo de Nosso Senhor, consome a sua existência para a glória de Deus e a salvação dos seres humanos. "Para que também a sua vida [de Cristo] se manifeste em nosso corpo mortal" (2Cor 4,11).

## Jesus é tudo

*"Sem mim nada podeis fazer" (Jo 15,5).*
*"Todo o poder me foi dado no céu e na terra" (Mt 28,18).*

Ele, verdadeiro Deus e verdadeiro homem, foi enviado ao mundo para salvar a humanidade e restaurar a ordem que foi desestabilizada pelo pecado de Adão. É justo que todo poder lhe tenha sido dado pelo Pai; por isso, podemos afirmar que realmente, sem ele, nada de bom podemos fazer. Ele é absolutamente necessário. Portanto, convida-nos a procurá-lo quando sentimos o peso da vida, o cansaço e o desânimo, e, assim, sermos nele consolados. Sim, temos de reconhecer que Jesus é tudo para nós e a nossa vida sem ele é nada. Ele sempre manifesta tanto amor e tanta compreensão diante das nossas necessidades! Ele se apresenta como o Bom Pastor, que nos segura pela mão e nos carrega nos ombros para nos reconduzir ao Pai. Ele nos chama de amigos e nos revela tudo o que ouviu do Pai. Nele, encontramos tudo do que precisamos para nossa salvação e nossa santificação. Ele nos tornou filhos de Deus e nos deu a alegria de nos dirigirmos a Deus chamando-o de Pai, e dele recebendo a vida eterna. Jesus é uma fonte inesgotável de tesouros espirituais, um exemplo permanente de virtudes, uma luz que nos ilumina com a palavra e com o exemplo.

Meditando sobre a misericórdia e o amor, não podemos deixar de nos sentir atraídos por ele e de tê-lo como modelo da nossa vida. "Eu sou o caminho, a verdade e a vida" (Jo 14,6).

## Há poder no nome de Jesus

*"Deus lhe deu o nome que está acima de todo nome" (Fl 2,9).*

Pétalas de rosa

O nome de Jesus é um nome poderoso. Não foi escolhido na terra, mas a sua origem está no céu. Foi Deus mesmo quem encarregou o Anjo de apresentá-lo a Maria e também a José, quando Jesus foi concebido. O Anjo falou a Maria: "Conceberás e dará à luz um filho, ao qual porás o nome de Jesus. Ele será grande e será chamado Filho do Altíssimo... E seu Reino não terá fim" (Lc 1,31-33). E a José: "Ela dará à luz um filho, e tu lhe porás o nome de Jesus, pois ele salvará seu povo dos seus pecados" (Mt 1,21). O próprio Jesus disse: "Se pedirdes alguma coisa a meu Pai em meu nome, ele vos dará" (Jo 16,23-24).

É o nome poderoso do Filho de Deus que se encarnou para salvar o mundo. Invocar a Deus no nome de Jesus é uma oração certa, que tem a sua força pelos merecimentos obtidos no sacrifício da sua cruz. Também São Paulo, na Carta aos Filipenses, se expressa com palavras sublimes a respeito do nome de Jesus: "Por isso é que Deus o exaltou grandemente e lhe deu um nome que está acima de todo nome, para que ao nome de Jesus se dobre todo joelho, no céu, na terra e debaixo da terra, e toda língua proclame, para glória de Deus Pai: 'Jesus Cristo é o Senhor'" (Fl 2,9-10). É nesse nome que Deus é glorificado e que todo homem encontra o seu apoio, a sua força, a sua realização em todas as necessidades. É nesse nome que encontramos todos os grandes valores que mobilizam a nossa vida: a paz, a alegria, a compreensão, a misericórdia, o perdão e a salvação eterna. Invocar o nome de Jesus com fé e amor faz experimentar um grande alívio e serenidade. Faz-nos sentir uma doce brisa de bem-estar, que envolve toda a pessoa. Jesus é um nome que expressa tudo o que encerra em si. É o nome de Deus Filho, que possui todo o bem e quer comunicá-lo.

### Reconhecer Jesus

O caminho de Jerusalém para Emaús é a metáfora do caminho da nossa vida. É um caminho em que a presença de Cristo é constante. Essa passagem do Evangelho (cf. Lc 24,13-35) nos dá a oportunidade de fazer algumas reflexões úteis para a nossa vida. Em primeiro lugar, constatamos que os dois discípulos voltavam para casa muito tristes e desiludidos, pois tinham perdido toda esperança nas palavras de Jesus. "Esperávamos que fosse ele quem libertaria Israel..." (Lc 24,21). Jesus se aproximou deles, mas eles estavam como que cegos e não o reconheceram. Jesus perguntou por que tanta tristeza, e começou a explicar-lhes as Escrituras que falavam que tudo isso iria acontecer. A catequese foi bonita, interessante e suscitou ardor no coração dos discípulos, mas ainda não o tinham reconhecido. Ficaram entusiasmados e convidaram Jesus para permanecer com eles: "Fica conosco, porque se faz tarde e o dia vai declinando" (Lc 24,29). Jesus ficou e, quando se sentaram à mesa, o reconheceram ao partir o pão. Assim como os discípulos no início de sua caminhada, também passamos por momentos tristes, ficamos abatidos, desiludidos de tudo e presos em nossas preocupações: não conseguimos reconhecer Jesus, mas ele, lado a lado conosco, está presente na Palavra que ouvimos na Igreja, nos ensinamentos que lemos na Bíblia em nossas casas, nos próprios acontecimentos da vida. De modo muito particular, assim como os discípulos, podemos reconhecemos Jesus na Eucaristia, em sua presença real, quando ele se doa a nós como alimento na Comunhão que recebemos. Nós o reconhecemos porque a fé nos desperta uma percepção que não nos é dada pelos sentidos naturais: ela nos ilumina e nos dá a certeza da presença real de Jesus no altar.

## *Esvaziou a si mesmo*

Jesus renunciou ao direito de ser tratado como Deus... esvaziou a si mesmo e assumiu a carne humana, fazendo-se obediente até a morte na cruz (cf. Fl 2,5-11). Para tanto rebaixamento, há a contraposição da exaltação, de sua subida ao céu, de seu estar na glória da Trindade; glória que ele merece por ter cumprido a vontade do Pai e ter aceitado morrer na cruz para a Redenção da humanidade. O retorno de Jesus ao Pai não quer dizer que ele abandonou a humanidade, mas marca esse tempo intermediário que separa sua primeira vinda de sua segunda, definitiva, no fim da história. Embora tenha sido "tirado" da vista dos seus (cf. At 1,9), ele permanece presente, não os deixando sozinhos diante de tantas dificuldades. A Ascensão representa a exaltação de Jesus, o Messias "derrotado" pelos homens e que é elevado pelo Pai (cf. At 1,23-24). Mas esse espaço de tempo que intercorre entre a Ascensão e a segunda vinda do Senhor é preenchido por outra presença física, corpórea, de Jesus, mediante seu Corpo Místico, que é a Igreja. Esta continua no mundo, a cumprir a mesma missão iniciada por Jesus de Nazaré. No entanto, quem vai conduzir a Igreja ao seu destino final é o Espírito Santo prometido. Portanto, a subida do Cristo ao Céu não deixou um vazio, porque a aparente ausência de Jesus é preenchida pela Igreja iluminada pela presença do Espírito Santo. É bom refletir que a Ascensão de Jesus ao céu é também nossa vitória, pois, como membros do seu Corpo, somos chamados na esperança a participar de sua glória. E essa esperança, sustentada pela fé e animada pela caridade, é garantia para alcançarmos, um dia, o nosso Redentor no céu. Esta noite escura e dolorida que estamos vivendo na terra, um dia, se transformará em luz e alegria. Teremos alcançado o festim da eternidade, que ninguém poderá tirar de nós.

## Os frutos do nosso empenho

Concluindo a parábola da videira, Jesus nos dá estes dois recados: "Meu Pai é glorificado nisto: em que produzais muito fruto e vos comporteis como meus discípulos" (Jo 15,8). Jesus é a videira, o Pai é o agricultor e nós, os ramos. Os ramos produzem frutos enquanto estão unidos à videira (cf. Jo 15,1-8). O trabalho do Pai é acompanhar o crescimento e o desenvolvimento da videira, dando uma atenção maior aos ramos: podando-os para que possam receber mais seiva da videira e produzam uvas em abundância. As podas são as provações da vida que o Senhor permite para renovar a nossa fé e fortalecer nossa vontade; para que possamos dar frutos adquirindo as virtudes e, com isso, dar glória a Deus. O que mais dá alegria ao coração de um pai ou de uma mãe é ver os próprios filhos produzirem frutos de bem e serem estimados pelos outros, pela conduta honesta e pelo exemplo que deixam. O que mais glorifica a Deus são os frutos do nosso empenho, do nosso esforço, do nosso trabalho... Jesus, nessa parábola, nos mostra o rosto paterno de Deus, que, além de ser glorificado, também se alegra e se compraz pelos frutos abundantes. Porém, temos de lembrar: sozinhos não podemos dar frutos, precisamos permanecer sempre bem unidos a Jesus Cristo, sentir-nos cada vez mais membros vivos do seu Corpo Místico; nós nele e ele em nós. Longe de Jesus, que é a videira, nós, os ramos, secamos e morremos; por isso, o nosso amor a Jesus tem de ser cada vez mais profundo. De fato, como o próprio Cristo nos diz: "Sem mim nada podeis fazer" (Jo 15,5)

## *"Permanecei no meu amor"*

Jesus fala de amor porque ele sabe o que é o amor. Ele é amado pelo Pai e ama o Pai desde a eternidade; e, sobretudo, porque ele, sendo Deus, é a essência do próprio amor. O mundo não sabe o que é o amor, ou melhor, o mundo desqualifica o significado da palavra "amor". Fala-se tanto de amor-próprio, mas, muitas vezes, essa expressão revela-se apenas como apego ao poder, ao dinheiro e ao prazer. No fim, tudo se resume a ações egoístas e individualistas. Certamente não é esse o amor que Jesus nos exorta a cultivar. Infelizmente, o verdadeiro significado desse amor foi se perdendo. Para resgatar seu verdadeiro significado é preciso pensar no amor

Pétalas de rosa

que os pais têm para com os seus filhos: sacrificam-se por eles, sabem perdoá-los, defendê-los, são capazes de dar a vida por eles... Humanamente, não existe um amor maior e mais verdadeiro do que o amor dos pais pelos filhos. Há também pessoas que, por uma vocação especial, se sacrificam para assistir os doentes, as crianças, os idosos... São também exemplos de um amor sincero, praticado em vista do Reino de Deus e da vida eterna. É esse o amor que Jesus nos exorta a praticar, um amor abnegado que não visa ao interesse. É algo tão profundo que o Apóstolo Paulo se viu na necessidade de cunhar uma palavra nova para dizer sobre esse amor. Para São Paulo, esse amor que vem de Deus é a "caridade":

> Se eu falasse as línguas dos homens e dos anjos, mas não tivesse a caridade, seria um bronze que soa ou um sino que toca. E se tivesse o dom da profecia e conhecesse todos os mistérios e toda a ciência, e se eu tivesse toda a fé, a ponto de transportar montanhas, mas não tivesse a caridade, não seria nada. Ainda que distribuísse todos os meus bens para o sustento dos pobres, e entregasse o meu corpo para ser queimado, se não tiver caridade, isto não me serve de nada. A caridade é paciente; a caridade é bondosa; não é invejosa; a caridade não é arrogante nem orgulhosa. Ela não faz o que é inconveniente, não busca o seu interesse, não se irrita nem se julga ofendida. Não se alegra com a injustiça, mas se alegra com a verdade. Ela tudo perdoa, tudo crê, tudo espera, tudo suporta. A caridade nunca passará. Pelo contrário; as profecias vão desaparecer; as línguas vão acabar; a ciência desaparecerá. Porque o nosso conhecimento é imperfeito, e nossa profecia também. Mas, quando vier o que é perfeito, desaparecerá o que é imperfeito. Assim, quando eu era criança, falava como criança, sentia como criança, pensava como criança; mas, quando me tornei homem, deixei as coisas de criança. Agora vemos por espelho, de maneira confusa, mas então será face a face. Agora conheço de modo imperfeito, mas então conhecerei como sou conhecido. Agora estas três coisas permanecem: a Fé, a Esperança e a Caridade. Mas a maior delas é a Caridade (1Cor 13,1-13).

## Jesus é o mediador

Na criação, Deus era como que "íntimo" da humanidade, pois no Paraíso terrestre ele conversava com o homem... Um relacionamento não só de Criador com a criatura, mas de amizade. O pecado interrompeu tudo. Acabou a intimidade, própria de amigos. Mas, pela bondade e misericórdia do Senhor, tudo isso volta a existir na encarnação de Jesus. Ele é o mediador que restaura aquele relacionamento de amizade entre Pai e filho. Ele disse: "Se alguém me ama... meu Pai o amará, e nós viremos a ele e nele estabeleceremos nossa morada" (Jo 14,23). Importante é ser bons cristãos, observantes dos mandamentos, pois "Deus é Amor: quem permanece no amor permanece em Deus, e Deus nele" (1Jo 4,16). A iniciativa desse amor é de Deus. Ao homem cabe dar a resposta, abrindo-se a esse amor, amando no cumprimento da divina vontade. É belíssima a proposta de Jesus: "Eis que estou em pé à tua porta e bato! Se alguém ouvir a minha voz, e me abrir a porta, entrarei em sua casa e cearemos, eu com ele e ele comigo" (Ap 3,20). Certos dessa presença de Deus em nós, estaremos gozando de grande alegria. É o Paraíso antecipado. A fé nos faz reconhecer a presença trinitária em nós e a caridade nos faz sentir cada vez mais essa união com o próprio Deus. De fato, é o próprio Jesus quem nos atrai: "Ninguém vai ao Pai, senão por mim" (Jo 14,6).

## Presença amorosa de Jesus

Jesus é verdadeiro amigo: fiel, compreensivo e amoroso. Conhecendo os nossos limites, ele sente em si mesmo um impulso irresistível de vir ao nosso encontro, como amigo e como Deus. A presença dele é sempre uma presença amorosa, eficaz e necessária. Ele é Deus e nunca está longe de cada um de nós. Ele mesmo afirmou que viria habitar dentro de nós (cf. Jo 14,23), e aí ficaria como hóspede de honra, compartilhando as nossas alegrias e as nossas tristezas. Ele, enquanto Deus, habita em nós, pois "somos templos do Deus vivo" (2Cor 6,16). Sendo uma presença espiritual, não pode ser constatada pelos nossos sentidos, mas pela fé. Sabemos que sua presença é real, podendo se concretizar sempre no fundo do nosso coração. Com a firmeza da nossa fé nessa presença, nossa vida se torna mais suave e o horizonte do nosso futuro, mais sereno. É preciso acreditar na exortação de Jesus para não ter medo, porque ele sai em nossa defesa quando as tentações querem contrastar o nosso caminhar para a santidade. Felizes por essa presença de Jesus em nós, tornamo-nos mais desejosos em manter nossos diálogos com ele. É uma verdadeira satisfação conversar com este Amigo que sentimos tão próximo; uma conversação que gostaríamos que nunca acabasse, apesar dos tantos problemas que a vida cotidiana nos apresenta, com tantos deveres e obrigações que temos em relação aos outros. Coordenando os deveres que temos em relação a Deus e em relação ao nosso próximo, é fácil manter-se nesse espírito de união e de diálogo com Deus. Assim como Deus falara a Abraão, o amigo de Deus por excelência no Antigo Testamento, do mesmo modo ele diz a cada um de nós, em nosso hoje: "Anda na minha presença e sê perfeito" (Gn 17,1). Certamente isso exige um exercício de perseverança, mas, ao pensarmos que é ele quem nos dará a força necessária, tudo é possível. Ademais, o próprio Deus, assim como ocorreu com Abraão (cf. Gn 18,1-5), é nosso hóspede; ele habita em nosso íntimo, é Doce Hóspede que está em nós. É importante pensar e acreditar nas palavras de Jesus, que disse: "Não vos deixarei órfãos" (Jo 14,18): ele estará sempre conosco e é fiel naquilo que promete. Por mais que eu seja falho, por mais que eu me esqueça, ele não se esquece, e sua presença em minha vida é constante.

### Jesus nos fez conhecer o Pai

Ensinando-nos a rezar o pai-nosso, Jesus nos fez conhecer a íntima relação que existe entre Deus e nós, relação de paternidade e filiação. Ele nos dá o exemplo de como viver e alimentar essa relação. O Evangelho nos apresenta vários exemplos de como Jesus se relacionava com o Pai. Esses contatos são o exemplo de como devemos nos relacionar com Deus. Cristo, tendo se encarnado e assumido a nossa identidade humana, sentia a necessidade de retirar-se na solidão, para passar um tempo a sós, em contato com o Pai. Ele louvava, agradecia, pedia perdão em favor da humanidade e cumpria a vontade do Pai. É tudo isso que Jesus nos ensina a rezar: a maneira de quando e de como podemos nos relacionar com o Pai. Embora a dimensão pública, comunitária, da oração seja importante, Jesus dá particular ênfase às orações que devemos fazer a sós, em lugares solitários, onde ninguém interfira: no quarto, de portas fechadas, sobre um monte, durante a noite, longe do barulho e sem a possibilidade de querer mostrar-se, como uma pessoa piedosa. Importante é colocar-se diante de Deus Pai e, com a máxima intimidade, conversar com ele. Uma conversa do Filho com o Pai amoroso e misericordioso. Uma conversa de entrega total nos braços do Pai, confiando-se plenamente à sua bondade e compreensão. Este é o Pai que Jesus nos apresenta e nos exorta a procurar com solicitude e com total abandono. Não sejamos convencidos pela ideia de que, quando nos colocamos em oração, é por nossa iniciativa. Deus, tão grande e bom, é quem nos escolhe para se relacionar conosco. É sempre ele quem nos ama primeiro. O exemplo de Jesus, que várias vezes se afastava das multidões e até dos Apóstolos para ficar a sós com o Pai, e não tomava decisões sem antes falar com o ele, revela sua total dependência do Pai. Jesus é o exemplo mais claro de como nós também podemos e devemos nos colocar diante de Deus: com plena confiança e recolhimento, para que ninguém interfira em nossa intimidade com ele. Por esse motivo é necessário persistir na oração, pois é por meio dela que seremos fortalecidos na fé e consolidados no amor. Amemos a Deus de todo o coração e sintamos o amor dele, que nos acompanha ao longo da nossa vida.

# 14

# Vivendo como discípulos: testemunho do cristão

### *Como evangelizar?*

Em virtude de nosso Batismo, somos todos apóstolos e evangelizadores. Uma vez batizados, estamos associados a Cristo, o enviado pelo Pai para salvar a humanidade. Jesus deu a vida para cumprir essa missão, derramou até a última gota de sangue para redimir a humanidade. Nós somos chamados à santidade e devemos percorrer o caminho que nos leva a alcançá-la. Para sermos apóstolos segundo o Espírito de Jesus, devemos dar a vida pelos outros; não podemos buscar o nosso crescimento espiritual apenas pela nossa satisfação. Enquanto vamos adiante na nossa ascese espiritual, temos de olhar o outro, com a esperança de tocar o coração das pessoas fracas na fé ou que vivem longe da prática cristã. Devemos sempre lembrar que o exemplo suscita interesse pelas coisas de Deus, desperta e atrai para uma vida melhor e serena, para aquela paz que o mundo não pode dar. O apóstolo é aquele que tem de esquecer de si mesmo para viver uma vida de serviço, de doação, de abnegação, mostrando interesse pelos pobres, pelos doentes, pelos pecadores. O evangelizador tem de estar mais perto do povo, compartilhando seus anseios, suas preocupações e os problemas que o atormentam. Sempre conservando sua identidade e dignidade de apóstolo que o distingue na vivência comum. Ele tem de ser um guia, uma luz que ilumina os outros, de modo a se distanciarem da superficialidade comum para saborear a beleza de uma vida honesta e virtuosa. É importante que não se conforme com a mentalidade do mundo, mas que ele mesmo procure renovar-se continuamente, seguindo o ensinamento de Jesus: "Sede perfeitos como vosso Pai celeste é perfeito" (Mt 5,48).

## "Anunciai!"

*"Ide ao mundo inteiro, proclamai o Evangelho a todas as criaturas"* (Mc 16,15).

Mais de dois mil anos se passaram desde que Jesus deu esta ordem aos Apóstolos, e ainda a maioria da humanidade não conhece Jesus e está mergulhada no pecado e na ignorância. Cabe agora a nós, que tivemos a fortuna de nascer em um país católico e de receber o Batismo da purificação, continuar a difusão do Evangelho pelo mundo afora. Todos temos de nos sentir como que investidos da mesma obrigação dos Apóstolos e do mesmo zelo e ardor para transmitir a riqueza do Evangelho àqueles que não o conhecem.

## "Eu creio"

*"Creio na comunhão dos santos, na remissão dos pecados, na ressurreição da carne, na vida eterna."* Amém (Credo dos Apóstolos).

É importante e nos dá conforto e esperança refletir sobre os artigos da nossa fé. Quem sabe quantas vezes repetimos as palavras do Credo sem pensar no seu significado!

Em particular, este artigo da Profissão de Fé trata do espírito de união e de relacionamento que existe entre as três realidades da nossa Igreja: a Igreja Triunfante (os santos no céu, que intercedem por nós), a Igreja Purgante (aqueles que estão no estado de purificação antes de poder ser admitidos no céu, e que nós podemos ajudar com as nossas orações para apressar a sua purificação) e a Igreja Militante, ou seja, nós que estamos na luta do dia a dia e que podemos ser ajudados pela intercessão dos santos no céu. É essa a "comunhão dos santos", essa interligação que existe entre nós, os vivos, e aqueles que já partiram, todos na esperança de podermos nos reunir no céu para louvar e agradecer a Deus. O pensamento da morte e a lembrança dos nossos entes queridos nos entristecem e nos dão tanta saudade, mas, ao mesmo tempo, essa mesma lembrança nos consola, pois sentimos que estamos em comunhão, que aqueles que já partiram estão perto de nós, de modo que também em nós vai se alimentando a esperança de podermos nos reunir aos nossos irmãos e irmãs no festim da eternidade.

"Depois disso, vi uma grande multidão... que ninguém conseguia contá-la" (Ap 7,9). Essa descrição de São João é um estímulo e uma exortação para mantermos nossa vida no caminho das bem-aventuranças, para chegarmos a fazer parte dessa imensa multidão que louva e agradece ao Senhor. Quero sempre lembrar que todos somos chamados à santidade: "Sede santos porque eu sou santo" (Lv 11,44); "Eu vim para que todos tenham vida, e a tenham em abundância" (Jo 10,10).

*Súplica: Que a nossa vontade corresponda à vontade de Deus!*

## Fazer a vontade de Deus

*"Eis-me aqui, ó Deus, para fazer a tua vontade" (Hb 10,5-7).*

*"Eis aqui a serva do Senhor. Seja-me feito segundo a tua palavra" (Lc 1,38).*

Pétalas de rosa

Disponibilidade total à vontade do Pai, tanto de Jesus como de Maria. Por meio deles, aconteceu a reconciliação de Deus com a humanidade. São nossos exemplos de disponibilidade e de obediência à vontade de Deus.

## Jesus é o perfeito cumpridor da vontade do Pai

Jesus é o perfeito cumpridor da vontade do Pai: "Desci do céu, não para fazer a minha vontade, mas a vontade daquele que me enviou" (Jo 6,38). Jesus é perfeito modelo de submissão à vontade do Pai. Também para o cristão que quer trilhar o caminho da santidade, a regra de conduta deve ser a de cumprir a vontade do Pai. Nisso está o crescimento na fé e na caridade, elementos essenciais para alcançar a santidade. No perfeito cumprimento da vontade de Deus, o cristão torna-se morada da Santíssima Trindade. Aos Apóstolos que o convidaram a tomar um pouco de alimento, Jesus respondeu: "Meu alimento é fazer a vontade daquele que me enviou, e levar a cabo a sua obra" (Jo 4,34). Jesus age sempre sob o impulso de fazer unicamente a vontade do Pai. Mais um exemplo de Jesus e um estímulo para nós, que também temos uma missão a cumprir, e, além disso, é vontade de Deus: como batizados, temos de trabalhar pelo Reino de Deus, que consiste na nossa santificação e na santificação dos outros. A ordem que Jesus nos deu é a de evangelizar, primeiramente com o exemplo do nosso comportamento e, depois, com a palavra como catequistas, agentes de pastoral, como batizados e membros vivos e atuantes na Igreja de Jesus Cristo.

## Dever luminoso dos leigos

Jesus é o grande Profeta do Pai, que veio ao mundo para proclamar e implantar o Reino de Deus. Ele quer que o Reino se expanda e se aprofunde bem nos corações das pessoas; para isso, fundou a Igreja, a fim de que continuasse, ao longo da história, a sua mesma missão: pregar e difundir o Reino. Nessa grande obra, toda a Igreja está empenhada: não só o clero, mas todos os fiéis leigos que são igualmente parte integrante do Corpo místico de Cristo. Por isso, todos os batizados devem dar testemunho de vida cristã, para que brilhe ainda mais a força do Evangelho e para comunicar a riqueza de Jesus a todos os povos, a fim de que todos se tornem discípulos e seguidores de Cristo a caminho da vida eterna. Todos os cristãos leigos são exortados ao dever de anunciar o Evangelho e a levar uma vida conforme os ensinamentos de Jesus. O testemunho reforça o anúncio da Palavra e a torna mais convincente e penetrante nos corações dos evangelizados. Essa atividade profética dos leigos se torna urgente e necessária neste mundo tão indiferente e hostil a tudo que diz respeito a Deus e à religião. Em muitos lugares onde os padres, os religiosos ou os consagrados não podem entrar para evangelizar (fábricas, oficinas, comércios...), os leigos têm a possibilidade de frequentar e de se relacionar com outras pessoas. São nesses lugares, sobretudo, que os leigos têm a missão de testemunhar e anunciar o Evangelho e tornar Cristo conhecido.

"Todos os cristãos têm o dever luminoso de colaborar para que a mensagem divina da salvação seja conhecida e acolhida por todos os homens, em toda parte" (CONCÍLIO VATICANO II, *Decreto Apostolicam actuositatem*, 3).

## Deixar tudo para seguir Jesus

*"E, deixando tudo, ele se levantou e começou a segui-lo..." (Lc 5,28).*

Não sabemos o que Levi possuía, mas pelo jeito era um publicano muito rico, já que ofereceu um grande banquete. Seguir Jesus ao primeiro convite foi um gesto heroico. É bem provável que ainda não tivesse tido a possibilidade de um encontro anterior com Jesus, pois ficou surpreso e encantado pelo seu olhar misericordioso. Ficou simplesmente fascinado pela pessoa de Jesus e se sentiu fortemente atraído por ele. Deixou a mesa da coletoria, com todos os papéis, os recibos e o dinheiro. Surpreende a rapidez da resposta ao convite de Jesus. Como Abraão, que, perante o chamado de Deus, teve uma grande fé e deixou tudo para começar uma caminhada que não sabia para onde o levaria, assim também Jesus despertou em Levi uma grande fé. Jesus atraía multidões. Ele é Deus e homem que possui em si todas as virtudes, todas as boas qualidades, pelas quais as pessoas se sentem, irresistivelmente, atraídas. Por essa atração e por esse seguimento, Levi, ou Mateus, se tornou o grande Apóstolo e Evangelista por quem nós, também hoje, podemos conhecer Jesus. Seguir Jesus nunca irá desiludir ninguém.

Um dia Jesus, rezando a Deus, disse: "Pai, aqueles que me deste, quero que eles estejam onde eu estiver..." (Jo 17,24). A meta final para a qual Jesus quer nos levar é o Paraíso, a vida eterna.

## A chave do Paraíso

O Senhor nos entrega a chave de ouro para termos livre acesso ao Paraíso: o amor... Não um amor sentimental ou adocicado sem nenhum compromisso, teórico, baseado em palavras vazias acompanhadas de sorrisos fingidos, mas um amor autêntico para com todas as pessoas com as quais Jesus se identifica. "Cada vez que fizestes isso a um dos menores desses meus irmãos, a mim o fizestes" (Mt 25,40). Amor é doação, é disponibilidade. De fato, Jesus se identifica com aqueles que reclamam nossa disponibilidade: "Porque tive fome e me destes de comer. Tive sede e me destes de beber. Era um estrangeiro e me acolhestes. Estava nu e me vestistes, doente e me visitastes, na prisão e me viestes ver" (Mt 25,35-36). Todas as pessoas que, de alguma maneira, estão sofrendo e se sentem abandonadas, são a imagem viva de Jesus. No rosto de todas as pessoas, devemos ver o rosto de Jesus e, por todas elas, temos de nos sentir atraídos para acumular tesouros nos céus. Que bonito, que lindo, quanta alegria, quando nos apresentarmos a Jesus para o julgamento e ouvirmos ele nos dizer: "Vinde, benditos de meu Pai! Recebei em herança o Reino que vos está preparado desde a criação do mundo" (Mt 25,34)!

## *Ser cristão é ser seguidor de Cristo*

O seguidor de Cristo é aquele que vive o Espírito de Cristo, que encarna os sentimentos de Cristo, que pratica as virtudes de Cristo e testemunha Cristo vivendo como ele viveu. Pelo Batismo nos tornamos cristãos, para amar como Cristo amou. E de que maneira Jesus nos amou? Dando sua vida por nós; pagando com o seu sangue a nossa libertação das consequências devastadoras do pecado. "Deus mostra seu amor para conosco pelo fato de Cristo ter morrido por nós, quando ainda éramos pecadores" (Rm 5,8). Enquanto estávamos no pecado, Jesus morreu por nós. É esse o amor de Jesus: um amor que não exclui ninguém. Ele veio a este mundo para salvar os pecadores, para retirá-los do caminho do pecado e reintegrá-los na família e na intimidade de Deus. Então, quando somos verdadeiros cristãos? Quando, como Jesus, amamos os nossos inimigos e as pessoas que nos fizeram mal, que nos prejudicaram, que falaram mal de nós, que nos caluniaram...

A palavra de Jesus é exigente, mas nela está a verdade: "Amai os vossos inimigos e rezai por aqueles que vos perseguem" (Mt 5,44). O que difere o verdadeiro cristão é o amor para com todos: amigos e inimigos. É preciso ser diferente, se quisermos alcançar a Vida Eterna.

*"Sede perfeitos como o vosso Pai celeste é perfeito"* (Mt 5,48).

## É o testemunho que atrai

Jesus repreende seriamente a incoerência dos escribas e dos fariseus. Reconhece a autoridade e os ensinamentos deles enquanto mestres e intérpretes da lei. Exorta o povo a fazer o que eles dizem e ensinam, mas não a seguir seu exemplo, porque dizem e não praticam. Quando Jesus enviou os Apóstolos, disse: "Proclamai o Evangelho a todas as criaturas" (Mc 16,15); e logo acrescentou: "Sereis minhas testemunhas... até os confins da terra" (At 1,8). Portanto, o que dá valor à pregação é o testemunho, é a alma que torna eficaz o conteúdo da palavra. É o testemunho que atrai e convence as pessoas. Jesus, no Evangelho, se apresenta como exemplo de vida: "Aprendei de mim que sou manso e humilde de coração" (Mt 11,29). Toda pessoa que, por ofício ou missão, tem o encargo de ensinar algo aos outros, deve testemunhar com o exemplo de vida a veracidade daquilo que ensina. Jesus denuncia fortemente a hipocrisia dos escribas e dos fariseus. Ele exorta à sinceridade no falar e no agir. O sim seja sim e o não seja não.

Refletindo seriamente sobre a nossa vida e nossas atitudes, e sabendo que somos responsáveis pela vida e pelo comportamento dos outros, temos de agir conforme a nossa fé e darmos bom exemplo, para não ser causa de desvio para os que nos cercam.

## O orgulho nos impede de enxergar Jesus

Foi muito difícil para Jesus ser acolhido pelo seu povo. Eles faziam uma interpretação arbitrária das Escrituras, segundo as próprias opiniões, e não conseguiam ver em Jesus o Messias esperado havia tanto tempo. A soberba dominava seus corações, sobretudo, dos líderes: fariseus, escribas e sacerdotes, que só ambicionavam a glória de si mesmos. Jesus, tantas vezes, procurou iluminá-los pelos milagres que realizava e pelos ensinamentos que pronunciava, mas seus corações endurecidos não se deixavam penetrar. Eles viam que o povo era atraído e seguia Jesus, porque ele tinha uma maneira simples de se apresentar: um pobre no meio dos pobres, procurando dar atenção aos rejeitados pela sociedade, fazendo-se próximo dos pecadores e publicanos. Talvez pensassem que iam perder a clientela e o favor do povo; em todo caso, eles não conseguiam ver em Jesus o Messias que imaginavam. Orgulhosos como eram, não podiam aceitar um Messias pobre, humilde, falando de misericórdia e de amor. Para eles, o Messias tinha de ser um homem poderoso e glorioso, à frente de um grande exército para se opor ao império de Roma e libertar o povo de Israel dos que o dominavam. Jesus, para eles, simplesmente não correspondia à ideia que tinham do Messias e começaram a hostilizá-lo e a rejeitá-lo. Ainda hoje, para muitas pessoas é difícil aceitar que a libertação realizada por Jesus passe pela pobreza, humildade, misericórdia e amor.

## *"Vós sereis testemunhas de tudo isso"*

*"Estava escrito que o Cristo iria sofrer e ressuscitar dos mortos ao terceiro dia e que, em seu nome, a conversão para o perdão dos pecados seria proclamada às nações, a começar de Jerusalém" (Lc 24,46-47).*

Que grande missão e responsabilidade Jesus confia aos seus discípulos! Homens e mulheres simples: pescadores, pessoas do povo, honestos e virtuosos... Jesus lhes encarregou de continuar a grande missão iniciada por ele: salvar a humanidade. Por isso os enviou, dizendo: "Ide, então, fazei de todos os povos discípulos" (Mt 28,19). Jesus lhes recomenda: anunciar e testemunhar. Duas funções que se completam. Não é suficiente anunciar, pois a pregação tem de ser acompanhada pelo testemunho, porque este é a alma da pregação, dá vigor, força, eficácia à Palavra; faz com que o ensinamento penetre na consciência do ouvinte, ajudando-o a mudar, impelindo-o a praticar o bem. O pregador tem de dar exemplo de vida daquilo que ensina. Jesus insiste sobre o testemunho, quando diz: "Vós sois o sal da terra... Vós sois a luz do mundo... Assim brilhe a vossa luz diante dos homens, para que, vendo as vossas obras boas, glorifiquem o vosso Pai que está nos céus" (Mt 5,13-16).

Jesus foi sempre muito duro com os fariseus, acusando-os de hipocrisia, porque diziam e não praticavam, exigiam dos outros, mas nada testemunhavam. Todos somos responsáveis pela vida dos outros; por isso, o bom exemplo é fundamental para estimular os outros a um caminho de conversão. O bom exemplo atrai as pessoas e as encoraja a viver o espírito do Evangelho. A santidade é contagiante e influi fortemente nas decisões alheias. Um dia, Jesus falou: "Eu vos dei um exemplo, para que vós também façais como eu fiz" (Jo 13,15). Se quisermos ser discípulos e evangelizadores como Jesus, ele que nos deu o exemplo, temos igualmente de ser exemplo para os outros. Assim, estaremos colaborando com Jesus para salvar a humanidade.

## A fé dos Apóstolos

Jesus repreendeu os Apóstolos por não terem acreditado nas pessoas que o viram ressuscitado, assim como também havia repreendido os dois discípulos de Emaús. A repreensão se justifica porque Jesus, várias vezes, tinha predito o que iria acontecer, e os Apóstolos viram a confirmação de tudo o que havia sido anunciado. Depois de corrigir a falta de fé dos discípulos, o Senhor dá o grande mandato, a solene missão: "Ide ao mundo inteiro, proclamai o Evangelho a todas as criaturas" (Mc 16,15). Com este mandato, os apóstolos prontamente vão divulgar em todo mundo a morte e ressurreição do Senhor. Ficamos admirados e felizes ao ver o zelo e a audácia dos Apóstolos em proclamar a ressurreição do Senhor, livremente, a partir do dia de Pentecostes. O povo vai se reunindo em grande número em torno deles, para ouvir a pregação de Pedro e, a partir daí, forma-se a primitiva comunidade cristã. A Igreja nascida em Pentecostes vai crescendo, mas a liberdade no anúncio do Evangelho é ameaçada pelos chefes do povo, sumos sacerdotes, escribas e fariseus, que logo começam a perseguir os apóstolos para que não falem em nome de Jesus. Os Apóstolos, com firmeza, respondem: "Cabe a vós decidir diante de Deus: devemos obedecer a vós ou a Deus? Porque não podemos calar sobre o que vimos e ouvimos" (At 4,19-20). Assim, os Apóstolos iniciaram a pregação, iluminados e fortalecidos pelo Espírito Santo, espalhando-se em vários lugares; e, em um tempo relativamente curto, toda a Samaria, a Ásia Menor, a Grécia e a Itália foram conquistadas para Cristo. Precisamos, hoje, de uma fé firme como a dos Apóstolos, para termos o mesmo zelo e a mesma ousadia de anunciar ao mundo de hoje – que está mergulhado na mentira – que só a Verdade de Cristo nos libertará.

## Santa Teresinha, Padroeira das Missões

O mês de outubro se inicia com a memória de Santa Teresinha do Menino Jesus, que encantou o mundo com o esplendor da sua santidade, simplicidade e humildade. O exemplo de Santa Teresinha é uma luz no caminho da santidade e um convite, uma exortação, a não perdermos tempo para buscar o céu, pois o tempo é breve. Santa Teresinha viveu apenas vinte e quatro anos, mas alcançou o cume da santidade e chamou a atenção de todos pelo heroísmo na prática das virtudes. Escolheu, por uma vocação especial, viver fechada na clausura de um convento, que não é nada fácil. Como, também, não é fácil viver em comunidade com pessoas de características diferentes e pensamentos divergentes. Santa Teresinha é um exemplo fascinante, uma santa que continua a influenciar tantas pessoas, sobretudo jovens que querem consagrar-se a Jesus e viver uma vida de total doação a Deus. Mergulhando no coração de Jesus, ela aprendeu o desejo que Jesus tem de alcançar o mundo todo para levar a salvação a todos os povos. A partir daí, ela também quis alimentar em si os mesmos desejos de Jesus. Foi envolvida por um ardente espírito missionário. Diariamente rezava e oferecia os seus sofrimentos para ajudar os missionários espalhados pelo mundo. Quando, já atingida pela enfermidade que a levou à morte, chegou na última etapa de sua vida, em meio a tantos sofrimentos, seus pensamentos e preces eram pela evangelização, para sustentar os missionários que, na linha de frente, estavam empenhados na evangelização. Por ter colaborado, espiritualmente, na difusão do Evangelho, foi proclamada: "Padroeira das Missões", embora nunca tenha saído do seu mosteiro. Seguindo o exemplo de Santa Teresinha, sentimos também o empenho em conhecer o Evangelho e anunciá-lo ao mundo inteiro com a palavra e, sobretudo, com o exemplo de vida.

# Epílogo

*Como poderei agradecer ao Senhor por tanto bem feito a mim?*
*Tomarei e levantarei o cálice da bênção...*
*Preciosa é aos olhos do Senhor a morte de seus Filhos... (cf. Sl 115[116]).*

Sou um homem velho.
Tive a graça de nascer em uma família cristã, de ter uma vida longa e de me colocar a serviço do Senhor. Nunca poderia ter imaginado que um dia deixaria minha terra para trabalhar na vinha do Senhor aqui no Brasil. Mas Deus "escreve certo por linhas tortas", e aqui estou eu.
Difícil crer que tantos anos já se passaram. Aqui vivi minha vida adulta, aqui vivo os anos que Deus ainda queira me dar.
Muitas alegrias, muitos acertos... Mas também muitos defeitos e erros...
Espero que Deus possa me perdoar. Espero que todos aqueles a quem deixei de corresponder possam me perdoar.
No coração levo muitas saudades e gratidão. Gratidão ao Senhor, gratidão aos amigos e amigas que aqui fiz: saudades de todos aqueles que me anteciparam na casa do Pai e agradecimento pelos outros tantos amigos e amigas que rezam por mim e me querem bem: é a comunhão dos santos na Igreja.
Este livro é o desejo sincero de contribuir, de ajudar os outros, de passar adiante aquilo que gratuitamente recebi.
Espero, mediante a intercessão de Nossa Senhora, que as palavras aqui escritas possam iluminar e trazer alento a quem as ler.
Que Maria santíssima interceda por todos nós, junto ao seu Filho, e que o bom Deus nos abençoe sempre!

*Padre Giovanni Cosimati*

**Edições Loyola**

editoração impressão acabamento
Rua 1822 nº 341 – Ipiranga
04216-000 São Paulo, SP
**T** 55 11 3385 8500/8501, 2063 4275
www.loyola.com.br